はじめての手話

初歩からやさしく学べる手話の本

木村晴美　市田泰弘

生活書院

はじめに

　この本は、1995年に出版した『はじめての手話』（日本文芸社）を大幅改訂したものです。その旧版の「はじめに」に、私たちは次のように記しました。

＊

　この本は、手話を言語として扱ったものとしては日本ではじめての、本格的な手話の入門書です。「手話を学ぶ」ということは、外国語を学ぶようなものです。ですから、この本は「言語入門書」のひとつなのです。

　手話は、手の動きを中心として、それに顔の表情や上体の向きなどを加えた身体動作によって構成されています。どんなに写実的なイラストによっても、本来の手や表情の動きを完全に「本」の上に再現することはできません。実際、この本の企画が持ち上がったときの、私たちの率直な感想は、「本で手話を学ぶことなどできるわけがない」というものでした。そんな私たちが、この本を書いたのは、「手話は言語である」ということ、そして、その言語を使う「ろう者」という言語的少数者がいるということを、たくさんの人に知ってほしいと思ったからです。手話は多くの人たちに誤解されています。手話やろう者を知らない人はもとより、ろう者の教育に関わる専門家や手話通訳などの関係者、はては手話の話し手であるろう者自身にさえ誤解されているのです。そうした誤解をといていくこと、そして、ろう者自身が自分たちの言語に対する自信と誇りを取り戻すことができるようにと願って、私たちはこの本を書きました。（以上、旧版「はじめに」より）

＊

　あれから20年が経とうとしています。その間、情報技術のめざましい進歩により、手話を動画によって紹介することが簡単にできるようになりました。

「本」が果たすべき役割も大きく変化しました。一方、「手話は言語である」という認識は深まりつつありますが、まだまだ十分ではありません。誤解も完全には解けていません。

そんななか、私たちはこの改訂版を出すことにしました。いまもまだ「本」が果たすべき役割はあると思ったからです。第一部の「日本手話の文法」の部分は、手話研究の進展に合わせて全面的に書き換えました。そこでは、インターネット上の動画との連携もためしてみることにしました。第二部でも、コラム「カルチャーノート」は新たに20編を書き下ろしています。ただし、イラストを用いたキー・センテンス、会話、ボキャブラリーについては、基本的に旧版のものをそのまま使用しています。これからの手話入門書はどのような形であるべきなのか、そのことを考えるためにも、まずは改訂版を出そうと考えました。その趣旨をご理解いただければと思います。新たな時代に向かうなかで、この本が何らかの形でみなさまのお役に立つことを願っています。

旧版の出版には、たくさんのろう者が協力してくれました。手話イラストのモデルの那須英彰さん、高橋陽子さん、佐藤八寿子さん、緒方英明さん。イラストレーターの那須善子さんには、イラストの再使用を認めていただけるだけでなく、今回新たに必要となった何点かのイラストを描いていただきました。また、この改訂版の企画は、編集を担当して下さった生活書院の髙橋淳さんなしでは実現しませんでした。改訂版の出版にご協力いただいたみなさまに、この場をお借りして深く感謝の意を表します。

2014年8月

木村晴美
市田泰弘

改訂新版
はじめての手話
もくじ

はじめに　3
本書の使い方　12

手話について知ろう

日本手話とは？　……………………………………………………　14

　手話は言語である　14
　手話は日本語を表示する記号ではない　14
　手話はパントマイムやジェスチャーの寄せ集め？　15
　言語とジェスチャーの決定的な違い　16
　手話には音韻構造がある　17
　手話には文法がある　17
　ネイティブ・サイナーをモデルに　18
　ネイティブ・サイナーとは？　19
　ろう者の社会──デフ・コミュニティー　20
　ろう者は独自の文化をもっている　21
　ろう者同士の国際交流と手話　22
　ろう学校では手話は認められていない　22
　バイリンガル・バイカルチュラルろう教育　23
　日本語を話しながら手話の単語を並べる日本語対応手話　24
　図像性は手話の最大の特徴だという誤解　26
　CL 構文　26

手話は抽象的なことを表現しにくい？　28

　　フローズン語彙　28

　　フローズン語彙の音韻的要素　29

　　「語源」をもとにした学習の落とし穴　30

日本手話の文法　　32

　　非手指標識　32

　　空間利用　33

　　基本語順　34

　　修飾と並列　35

　　話題化と焦点化　36

　　関係節　37

　　補文構造　38

　　時間節・理由節と条件節　38

　　他動詞と自動詞　38

　　一致動詞　39

　　動詞連続構文　39

　　使役構文　40

　　主体移動構文と非意図性　40

　　心理変化、想起、知覚、中間構文　41

　　アスペクト（進行、完了、未実現など）　41

　　否定　42

　　モダリティ　42

　　語の意味　44

　　借用　45

　　慣用句　45

　　日本手話の方言　46

　　日本手話のバリエーション　47

手話を実際に学んでみよう

Part2 の使い方　50

TOPIC 1　名前をたずねる

キー・センテンス……………………………………………………………… 51

　話題化　51
　WH 疑問文　52
　文末の指さし　53
　イエス／ノー疑問文　55
　選択疑問文　55
　名前の紹介の仕方　52
　疑問文の中での話題化　53
　その場にいない第三者の表現　53
　イエス／ノー疑問文に対する答え　55
　その場にいる第三者の表現　56

会話………………………………………………………………………………… 58

ボキャブラリー…………………………………………………………………… 61

TOPIC 2　年齢をたずねる

キー・センテンス……………………………………………………………… 66

　年齢をたずねる表現　66
　誕生日の表現　68
　「〜のように見える」　70
　「〜だと思う」　71
　「〜だと思った」　72
　[意味] の用法　73
　年齢の表現　67
　月日の表現　69
　「〜している」　70
　数字を重ねる表現　71
　数字を含む表現の音変化　72

会話………………………………………………………………………………… 74

ボキャブラリー…………………………………………………………………… 77

TOPIC 3　家族の紹介

◇キー・センテンス ……………………………………………………… 81
　　人数の表現　81　　　　　　　　名詞の並列　82
　　完了と未完了　83　　　　　　　左手の代名詞　85
　　原因／目的の表現　86　　　　　過去と完了　86

◇会　話 ………………………………………………………………… 88

◇ボキャブラリー ………………………………………………………… 90

TOPIC 4　出身地

◇キー・センテンス ……………………………………………………… 92
　　いる／住んでいる　93　　　　　［育つ］の用法　93
　　期間や起点／終点の表現　95　　時間的順序（1）　95
　　分裂文　96　　　　　　　　　　時間的順序（2）　97
　　［得意］の用法（1）　98　　　　依頼の表現　98

◇会　話 ………………………………………………………………… 99

◇ボキャブラリー ………………………………………………………… 105

TOPIC 5　仕事

◇キー・センテンス ……………………………………………………… 113
　　理由を述べる表現　113　　　　同意を求める表現　114
　　業種の表現　114　　　　　　　「毎週○曜日」の表現　115
　　「第×○曜日」の表現　115

◇会　話 ………………………………………………………………… 116

◇ボキャブラリー ………………………………………………………… 120

TOPIC 6　一日の生活

◇キー・センテンス························124
　時刻をたずねる表現　124　　　　時間や距離が短いことを表す表現　124
　「ふだんは〜する」　125　　　　　否定の表現　126
　命令の表現　128　　　　　　　　時刻を表わす表現　129

◇会　話·····························130
◇ボキャブラリー·······················134

TOPIC 7　通勤・通学

◇キー・センテンス························137
　方法をたずねる表現　137　　　　方法の表現　138
　距離の表現　138　　　　　　　　程度の副詞の位置　139
　条件節　140　　　　　　　　　　条件節を含む疑問文　140
　譲歩節　141

◇会　話·····························142
◇ボキャブラリー·······················147

TOPIC 8　趣味・スポーツ

◇キー・センテンス························150
　能力の表現　151　　　　　　　　「好き」と「きらい」　152
　「好き」と「〜したい」　153　　　［得意］の用法（2）　153
　助言と提案の表現　154　　　　　「かまわない」　154

◇会　話·····························155
◇ボキャブラリー·······················158

TOPIC 9　旅行

◆キー・センテンス……………………………………………………… 161
　経験の表現　162　　　　　　　　経験の表現（疑問文）　163
　経験の表現（質問に対する答え）　164　　経験の表現（否定疑問文）　165
　経験の表現（否定疑問文に対する答え）　166　予定の表現　166
　「〜も」にあたる表現　167　　　　意図の表現　168
　「〜各地」にあたる表現　169

◆会　話 ………………………………………………………………… 170

◆ボキャブラリー ……………………………………………………… 175

TOPIC 10　嗜好品

◆キー・センテンス……………………………………………………… 178
　WH 分裂文（修辞疑問文）　178　　頻度の副詞　179
　推量の表現　180　　　　　　　　「見るからにそんな感じだね」　180
　必要の表現　181

◆会　話 ………………………………………………………………… 182

◆ボキャブラリー ……………………………………………………… 186

Culture Notes

　人物を描写する　56　　　　　　　名前を知らなくてもまた会える　57
　サインネーム　65　　　　　　　　話し手の顔を見る　68
　どこのろう学校を出たの？　69　　国際結婚　82
　ろう者の中のろう者　87　　　　　コーダ　89
　どうやって起きる？　93　　　　　校名の変更　100
　ろう者の職業　117　　　　　　　電話へのアクセス　119
　ろうの弁護士　119　　　　　　　手や目はやられるな　128
　ろう者の拍手　132　　　　　　　たまには不便なこともある　134
　自立するのが早いのは……　141　　ろう者のくらし　むかしと今　141
　指さしは大事　142　　　　　　　「問題ない」が「不満」に？　146

人を呼ぶときのマナー　146　　NHK手話ニュース　150
明晴学園　152　　笑ってごまかすのはヘン！　155
障害者権利条約　156　　窓越しに会話できる　157
あるコーダの失敗　160　　ろう者も旅行は好き　161
ドアは開けておく　162　　ホテルの部屋のドア　163
ろうの手話通訳者　167　　ろう者のネットワークは全国規模　168
トイレに閉じ込められたら　169　　フィンランドで見たものは　170
手話は世界共通ではない　171　　ろう者の運転はこわい？　172
デフジョーク・怪談　174　　「すみません」ではなく「ありがとう」　182
敬意表現　189　　お酒で一席　189
指文字　194

指文字　190
さくいん　195

手話イラスト／那須善子

本書の使い方

　本書は、手話について理解を深める「理論編」ともいうべきPART1と、手話を実際に学ぶための「実践編」のPART2からなる2部構成になっています。
　PART1では、手話に対する誤解をひとつひとつ解いていきながら、手話をめぐる背景について紹介するとともに、手話の文法について述べています。
　PART2は、10のトピック（話題）からなっています。トピックの順番については、難易度を考慮してありますので、最初は順番どおりに学習を進めていくことをおすすめします。各トピックは、「キー・センテンス」「会話」「ボキャブラリー」の3つの部分からなっています。「キー・センテンス」では、そのトピックで学ぶ新しい表現を取り上げて、文法や単語の意味用法の簡単な解説を加えてあります。「会話」は、そのトピックをめぐる自然な会話を紙上に再現したもの、「ボキャブラリー」は、そのトピックに関連する単語をまとめて紹介するコーナーです。そのほか、ろう者の文化を紹介するコラム「Culture Notes」（カルチャーノート）によって、手話を学びながらろう者の文化についても学べるようになっています。

読むうえでの注意①

　手話文のイラストのすぐ下には、手話単語に対応して日本語単語が書いてありますが、これはその手話単語の「意味」を表わしたものではなく、手話単語に仮につけた名前（ラベル）です。さらにその下の日本語訳についてもけっして絶対的なものではなく、翻訳の一例にすぎません。なお、文中では、手話のラベルを［　］で示します。

読むうえでの注意②

　［PT-1］［PT-2］［PT-3］は、それぞれ1人称、2人称・3人称を表わす、指さしによる代名詞を示しています。

読むうえでの注意③

　本書で、「右手」「左手」というとき、それは正確には「利き手」「非利き手」を意味しています。左利きの方は、左右を読み替えてください。

動画があります

　本文中の見出し横に 🎥 マークがある項目は動画を見ていただくことができます。以下のアドレスからアクセスしてください。
　http://www.seikatsushoin.com

手話について知ろう

日本手話とは

手話は言語である

「手話を学ぶ」ということは、外国語を学ぶようなものです。日本のろう者が使っている手話（日本手話〔Japanese Sign Language〕）は、日本語とは異なる独自の体系をもつ言語です。独自の言語を話す集団としてのろう者は、独自の文化さえもっています。

日本手話に限らず、世界各地のろう者が使う手話が、日本語や英語などの音声言語と対等の、複雑で洗練された構造をもつ自然言語であることが明らかになったのは、それほど昔のことではありません。しかし、いまや言語学者の間では、手話が自然言語のひとつであり、言語として必要な条件をすべて備えていることは常識となっています。一般社会においても最近になってようやく「手話は言語である」ということが知られるようになってきました。しかし、それは単に「手話はろう者のコミュニケーション手段である」ということの言い換えにすぎず、「手話は音声言語と対等の、複雑で洗練された構造をもつ言語である」ということが十分に認知されているとはいえないでしょう。

手話は日本語を表示する記号ではない

日本手話は多くの人たちに誤解されてきました。日本手話やろう者を知らない人々はもとより、ろう者の教育にたずさわる専門家や手話通訳などの関係者、はては日本手話の話し手であるろう者自身にまで、大な

り小なり誤解されてきました。

　手話やろう者を知らない人たちの中には、手話を点字や手旗信号などのような日本語を表示するための人工的な記号体系だと思っている人たちも少なくないでしょう。一般に「手話」と呼ばれるものの中には、日本語を話しながら手話単語を並べていく方法（あとでくわしく述べます）もあることから、そのような誤解が生じるのもやむを得ない面はあります。しかし、本来ろう者がろう者同士で日常的に用いている手話は、日本語とは別の言語であって、日本語を表示する記号ではありません。日本語の50音に対応した手指記号には「指文字」と呼ばれるものがあり、この指文字を手話と混同している場合もあるかもしれません。指文字は手話の中でも補助的に使用されたり、手話の要素の一部として利用されたりすることがありますが、指文字自体は手話ではありません（☞p.190）。なお、日本語の子音を示す手指記号で、日本語の口型と組み合わせて用いられる「キューサイン」が、一部のろう学校で使われていますが、これも手話とは関係がありません。

手話はパントマイムやジェスチャーの寄せ集め？

　一方、一部の専門家や手話関係者も含めて、根強く残っている誤解として、手話はパントマイムやジェスチャーなどの寄せ集めだ、というものがあります。たしかに、手話のひとつひとつの動きはパントマイムやジェスチャーのようにも見えます。

　パントマイムは、だれが見ても意味がわかるというのがその特徴です。手話は手話を知らない人には理解できませんから、パントマイムではありません。では、ジェスチャーならどうでしょうか。ジェスチャーの中には、小指を立てて「女」を示すジェスチャーのように、日本人という特定の集団にしか通じないものもあります。手話は、「ろう者にしか通じないたくさんのジェスチャーを適当に並べたものだ」──事実そう考

える人も少なくありません。もしそうなら、ひとつの概念にひとつのジェスチャーが必要になり、手話は著しく効率の悪い手段だということになってしまいます。そもそも、たくさんのジェスチャーの中からひとつのジェスチャーを区別するのはたいへんなことですし、それなりの時間もかかってしまうはずです。しかし、ろう者が手話で話すところを見ればわかりますが、その手の動きは目にも止まらぬ速さなのです。

言語とジェスチャーの決定的な違い

　人間の言語に共通していて、しかも言語だけがもっている特性に、ごく限られた要素の組み合わせで、無限に近い概念を表現できるということがあります。音声言語ではその要素とは「音」です。日本語の音の種類は100種類ちょっとで、その音をさらに子音と母音とに分けると、日本語は20個余りの要素の組み合わせからなっていることがわかります。同じように世界中のあらゆる言語は、多くてもせいぜい100個程度の要素の組み合わせから成り立っています。このことが言語を効率のよいコミュニケーション手段にしているわけです。

　一見ジェスチャーの寄せ集めのように見える手話も、じつはこのごく限られた要素の組み合わせから成り立つという言語の要件を満たしているのです。それが単なるジェスチャーとの決定的な違いです。ただし、手話の要素は「音」ではありません。手の形、位置、運動が、その要素なのです。形も位置も運動もその種類はごく限られています。おそらく全部合わせても100個に満たないでしょう。音声言語と比較してもけっして多い数字ではありません。このようにごく限られた要素からできているからこそ、目にも止まらぬ速さの手の動きであっても、ろう者はそれを瞬時に見分けることができるのです。

手話には音韻構造がある

　ごく限られた要素とその組み合わせ方といったしくみのことを、その言語の「音韻構造」といいます。手話をかたちづくっている要素は音ではありませんが、しくみという点では同じなので、「手話にも音韻構造がある」という言い方をします。

　ところで、外国語を学んだことのある人ならわかると思いますが、音をどのように区別し、それらの音をどのように組み合わせるかは、言語によって違います。たとえば、英語では「l」と「r」を区別しますが、日本語では区別しません。英語は単語の最後の音が子音の場合が多いのですが、日本語は単語の最後の音は必ず母音です。

　このように、音韻構造は言語ごとに異なっています。手話も、日本手話とアメリカ手話では、音韻構造が異なり、手の形や位置や運動をどう区別し、どのように組み合わせるかはずいぶん違っています。

　ですから、手話を見て理解できるようになるには、手の形や位置や運動の違いのうち、どのような違いを区別し、何を区別しないのかをまず知らなければならないのです。それは、英語を理解するには、まず英語の音を聞き分けることができなければならないのと同じことです。

手話には文法がある

　現在、たくさんの人が手話を学んでいますが、その学習方法はほとんどが「単語を覚えるだけ」というものです。しかし、単語だけを覚えても、ろう者が日本手話で話すのを見て理解できるようにはなりません。これも、英語の単語をひとつひとつバラバラに覚えただけでは、英語の文を聞いて理解できるようにはならないのと同じです。上で述べたように、まず音韻構造を体得していなければ、そもそもその単語を聞き分け

る（手話の場合は見分ける）ことができません。それに加えて、その言語に特有の単語の並べ方や、単語に付け加える要素、単語の語形変化といった、文を作るときのしくみを知らなければ、並べられた単語と単語の関係がわからず、文は理解できません。この文を作るしくみのことを一般的には「文法」といいます。この「文法」も音韻構造と同様、言語ごとに異なります。手話にも文法があります。そして日本手話の文法は、日本語の文法とは異なっていますし、もちろん、アメリカ手話の文法とも異なっているのです。

ネイティブ・サイナーをモデルに

　外国語を学ぶのに、単語だけを学んでもその言語を理解できるようにはなりません。外国語にはその言語独自の音韻構造や文法があるというのは当たり前のことだからです。ところが、手話の学習については、単語の学習だけですむと多くの人が考えてきました。手話にも音韻構造があり、文法があるということであれば、「手話を学ぶ」ということはまさに外国語を学ぶようなものです。だとすれば、イラストを見て単語だけを覚えていくという方法では、手話を学ぶことにならないということはすぐにわかると思います。そして、もうひとつの重要なことがあります。外国語を学ぶにはモデルが必要です。そのモデルはどのようなものであるべきでしょうか。外国語の学習においては、ネイティブ・スピーカー（幼少時からその言語を使っている人）の話す外国語をモデルにするべきだと考えられています。10代後半以降に学び始めた外国語を完全にマスターするのはむずかしく、かなり話せるようになったとしても、ネイティブ・スピーカーとは歴然とした差が残るものだからです。それは手話も同じです。手話のネイティブ・スピーカーのことを「ネイティブ・サイナー」（英語では手話をサイン・ランゲージということから）といいますが、このネイティブ・サイナーと10代後半以降に手話を身につ

けた人とでは大きな差があることが、言語学者や心理学者の研究によって明らかにされています。手話の学習についても、ネイティブ・サイナーの手話をモデルとするべきでしょう。

ネイティブ・サイナーとは？

　ネイティブ・サイナーとは幼少時から手話を使っている人ということになりますが、それはどのような人たちでしょうか。ふつう言語は、親子間をはじめとした家庭や地域社会でのコミュニケーションをとおして、子どもたちによって自然に習得され、次の世代に伝えられていきます。しかし手話の場合、手話を話す家庭に生まれる子どもは少数派です（そのような家庭を「デフ・ファミリー」と呼びます）。耳の聞こえない子どもの約9割は耳の聞こえる両親から生まれ、家庭や地域社会には手話を話す人がいないのがふつうです。そのような子どもたちが手話を習得するには、ほかのろう者と出会える場所が必要なのです。かつてはろう学校の児童生徒集団がそうした場所となってきました（あとでくわしく述べますが、「ろう学校で手話が教えられていた」わけではありません）。ただし、耳の聞こえない子どもがすべて、ろう学校に通うわけではありません。インテグレーションといって、耳の聞こえない子どもも普通学校に通うケースが昭和40年代以降とくに多くなりました。インテグレーションした後、高校生や大学生になってから手話を学んだ人もいますが、幼少時から手話を使っているという条件にはあてはまらず、ネイティブ・サイナーとはいえません。

　現在では、ろう学校の児童生徒数が減少し、バイリンガル・バイカルチュラルろう教育（後述）を採用するろう学校を除いて、ろう学校内の子ども集団が手話を次の世代に伝えていくという役割をはたすことはきわめて難しくなっています。今後は、ネイティブ・サイナーとは、デフ・ファミリー出身のろう者か、バイリンガル・バイカルチュラルろう

教育を受けたろう者のことをさす、というように変わっていくかもしれません。

なお、耳の聞こえる人の中にも、ろうの親のもとに生まれ、手話と日本語のバイリンガル（二言語使用者）として成長する人がいます。この人たちのことを「children of deaf adults（ろうの両親をもつ子ども）」の頭文字をとって、「coda（コーダ）」と呼びます。コーダも「ネイティブ・サイナー」には含まれますが、耳が聞こえ、音声言語へのアクセスに制限がないという点から、学習のモデルとしては、ろう者と決して同じではないということには留意が必要でしょう。

ろう者の社会──デフ・コミュニティー

ろう者は、ろう学校を卒業して社会に出たあとも、ろう者同士のつきあいを緊密に保ちます。ろう者は、地域の組織や、スポーツや趣味を通じたネットワークなどをとおして、ろう学校間の違いを超えてさまざまな集団を形成しています。これらの集団の総体を、欧米では、文化人類学的な視点から、「デフ・コミュニティー（ろう社会）」と呼んでいます。集団のメンバーの相互の結びつきを支えているのは、共通の言語である手話です。デフ・コミュニティーは、「耳が聞こえないこと」によってではなく、手話という「言語を共有すること」によって成り立つ社会なのです。ろう者の集団に対するこのような見方は、手話が音声言語に匹敵する言語であることが明らかになるにつれて生まれてきたものです。ろう者社会とは「障害者の集団」というよりも、むしろ「言語的少数者」だということです。

もちろん、耳の聞こえない人たちすべてが、手話を知っているわけではありません。耳は聞こえなくても、ろう学校に通った経験のない人たちや、大人になってから聞こえなくなった中途失聴者などは、手話を知らないのがふつうです。そうした人たちは、デフ・コミュニティー

のメンバーには含まれません。耳が聞こえない人のことをさす英語の「デフ」はアルファベットで書くと「deaf」ですが、欧米では、デフ・コミュニティーのメンバーをさす場合には、とくに区別して、頭文字の「d」を大文字にした「Deaf」という表記を用います。日本語にはこうした区別はありませんが、この本の中では、「ろう者」という用語を、デフ・コミュニティーのメンバーだけをさすことばとして使っています。

ろう者は独自の文化をもっている

　日本語とは異なる言語を話し、緊密な人間関係を保って独自のコミュニティーを形成しているろう者は、聴者（耳の聞こえる人）とは異なる独自の文化をもっているといわれます。ここでいう文化とは、行動の規範、価値観や信念、歴史や伝統の意識などのことです。たとえば、行動の規範には、いつ、どのような行動をすることが適切とされるのか、何が滑稽で、何が無礼な行動なのか、といったことが含まれます。聴者の文化では、人を指さすこと、人を呼ぶのに年上の人の肩や手近にある机をたたくこと、初対面の相手に結婚しているかどうか聞くこと、本人やその配偶者がどこの学校を卒業したか聞くことなどは、多くの場合、あまり適切な行動とはいえないと思いますが、ろう文化ではどれも適切な行動です。逆に、日本の聴者の間では、遠回しな表現が好まれ、結論を明確に表現しない傾向がありますが、そのような言動は、ろう文化においては不適切なものと考えられています。

　欧米では、「ろう文化（デフ・カルチャー）」という用語が、すでにある程度の市民権を得ています。ある言語を学ぶということは、その言語を話す人たちの文化を学ぶということでもあります。この本では、手話を学ぶとともに、ろう文化の初歩についても学べるよう配慮しています。

ろう者同士の国際交流と手話

　手話に対する誤解の中には、「手話は世界共通なのではないか」といったものもあります。けれども、すでに述べたように、日本手話とアメリカ手話では、単語はもちろん、音韻的にも文法的にも大きく違っています。世界中にさまざまな音声言語があるように、手話も世界各地で違っているのです。たとえば、2人のアメリカのろう者がアメリカ手話で話しているとしましょう。アメリカ手話を知らない日本のろう者には、2人が何を話しているのか、まったくわからないはずです。また、ろう文化といえども、それぞれの地域の文化を反映しているので、日本とアメリカのろう文化では大きな違いがあります。ただし、同じろう者の文化としての共通点も多く、そのためもあってか、ろう者同士の国際交流は、聴者同士のそれよりずっと、互いを隔てる壁が低いように見えます。

　国際交流の円滑化のために、人工手話が考案されたこともありましたが、現在では自然発生的な混成語にその地位をゆずっています。この混成語は、「国際手話（International Sign）」と呼ばれ、国際会議でも用いられていますが、もとより限定的な手段であり、世界各地の手話に取って代わるようなものではありません。

ろう学校では手話は認められていない

　ろう学校は、多くのろう者にとって、初めて自分以外のろう者と出会う場所であり、デフ・コミュニティーへの入り口になってきました。けれども、ろう学校の教育そのものにおいては、手話は公式には認められていません。ろう学校では、教師が手話を使わないだけでなく、生徒の手話の使用も禁止してきました。そのため、手話は、休憩時間やクラブ活動、寄宿舎生活など、教師の目の届きにくい場所で使われてきました。

最近は、手話の使用を容認するところもふえてきましたが、依然として、ろう学校の教師の大半は、手話が話せませんし、生徒同士の会話を理解することもできないのです。

　ろう教育では、つねに「話しことばの習得」が焦点になってきました。耳の聞こえない子どもは、周囲のことばが耳から入らず、自然な状態では音声言語を習得することができません。そこで、特別な訓練や教育が行われることになります。子どもたちは、一度も聞いたことのない音を発音し（しかも自分が発音した音を自分では確かめようもないのです）、100種類以上の音をわずか16種類程度の唇の形から区別し、相手の話すことを理解しなければなりません。この発語と読話という作業を通したコミュニケーションを「口話（こうわ）」といいますが、この口話をとおして、話されている言語を習得しなければならないのです。その困難さは、防音装置つきのガラス室の中から、外で話されている外国語を学ぶようなものだといわれています。そして、手話を使うことは、音声言語の習得と口話の発達をさまたげると考えられてきたのです。

　本来、自然に習得されるべき言語を、特別な訓練や教育によって習得させようという試みは、その熱心さにもかかわらず、あまり成功しているとはいえません。音声言語の教育のつまずきは、書きことば教育の不十分さにつながり、さらには学力の遅れを招いてきました。ろう教育関係者は、だからこそ初めが肝心とばかり、これまで以上に音声言語の教育に力を注いでいこうとし、出口のない悪循環に陥っているように見えます。

バイリンガル・バイカルチュラルろう教育

　このような状況を踏まえて、バイリンガル・バイカルチュラルろう教育は生まれました。これは、ろうの子どもが自然に習得できる言語は手話であり、まず手話を習得する機会を与え、それを基盤に、書きことば

や話しことば、学力を身につけさせよう、という考え方です。これまでの「初めに音声言語ありき」という固定観念を打破し、ろう教育が陥っている悪循環を断ち切ろうというもので、ろう教育に新しい流れを作りつつあります。

　日本では、2008年にバイリンガル・バイカルチュラルろう教育の理念にもとづいた私立学校が開校しました。その他のろう学校においても、もっと手話を認めよう、積極的に使っていこう、という考え方がまったくないわけではありませんが、そこにはバイリンガル・バイカルチュラルろう教育のような、根本的な発想の転換は見られません。たいていの場合、それらのろう学校では、ろう者が実際に用いている手話は使われず、次に述べる「日本語対応手話」が使われています。ここでも、根本的な問題は「手話は言語である」ということがほんとうには理解されていないという点にあります。

日本語を話しながら手話の単語を並べる日本語対応手話

　手話を一般の人々が学ぶようになったのは、昭和40年代に入る頃からです。その当初から「手話を教える」ということは「単語を教える」ことでした。学習者の多くは、手話は日本語の単語に対応して手話の単語を並べればよいのだと誤解しました。これでは、だれが見ても、手話は「てにをは」などの助詞を欠いた「日本語の不完全な代替手段」にすぎません。

　ろう者自身も、ろう教育で否定され、ろう者同士の間で細々と受け継がれてきた手話が、音声言語に匹敵する構造をもつ言語だとは思っていなかったのでしょう。単語だけを学んだ学習者がろう者の手話を読み取れなくても、逆に学習者が習った単語を並べて話すのをろう者が理解できなくても、それは自分たちろう者のほうが悪いのであって、学習者が手話の音韻構造や文法を理解していないためだとは考えなかったにちが

いありません。

　このような状況の中で、手話学習者を中心に、日本語を話しながら手話の単語を並べていく、という方法が一般的になっていきました。このような方法を一般に「日本語対応手話」と呼びます。本来、二つの異なる言語を「対応」させることなどできません。そのため、「日本語対応手話」という名称には矛盾があるとして、「手指日本語」と呼ぶべきだとする人々もいます。名称の問題はともかく、音声言語を話しながら、同時に手話という別の言語を話すことなど、できるわけがないのです。やろうとすれば、どちらかが（あるいは両方とも）中途半端にならざるを得ないのは明らかなことです。

　ろう者も、手話学習者と話すときには日本語対応手話を使うようになっていきました。けれども、ろう者が日本語対応手話を見て理解するのはとてもたいへんです。口話の補助手段と割り切れば、読話だけのコミュニケーションよりはずっと理解しやすいのは事実ですが、日本手話とはくらべようもありません。あいさつを交わしたり、ちょっとした用件を伝えたりするのにはある程度有効であっても、講演や議論には不向きです。成人してから手話を学習した難聴者や中途失聴者で、日本手話をマスターしていない人にとっては、対面のコミュニケーション手段としては、日本語対応手話が最善の手段になる場合もあるでしょう。しかし、日本手話を習得しているろう者にとって、日本語対応手話はけっして快適なコミュニケーション手段とはいえないのです。

　現在でも、手話の学習者が最初に出会うのは、多くの場合、日本手話ではなく、日本語対応手話です。「手話の社会的認知」が進む一方で、日本手話は日本語対応手話と混同され続け、いまも日本語対応手話こそが本来の「手話」であるかのように誤解されています。「手話」というものが、「単なるコミュニケーション手段」程度にしか認識されず、一人前の「言語」としての社会的評価をなかなか得られないのは、日本手話と日本語対応手話が混同されがちであることと無関係ではないでしょう。

図像性は手話の最大の特徴だという誤解

　手話はパントマイムやジェスチャーの寄せ集めではない、ということはすでに述べました。けれども、パントマイムやジェスチャーとまったく無関係なわけでもありません。手話とパントマイムやジェスチャーとの間には、ある種の連続性があるのも事実です。そのためもあって、これまで、図像性（記号の形とその表わす意味との間に必然的な関係があること）こそ、手話の最大の特徴だと考えられてきました。

　言語には恣意性という特徴があるといわれています。これは、語形と意味の間には必然的な関係がない、というものです。けれども、音声言語の場合も、身ぶり的な音声（外界の音をまねた声など）との間に連続性がないわけではありません。オノマトペと呼ばれる擬音語（「ワンワン」）や擬態語（「ユラユラ」）などは、その中間に位置するものでしょう。オノマトペは、言語の一部でありながら恣意性が低く、意味との間になんらかの必然的な関係を感じさせる領域なのです。

　手話にも、このオノマトペにあたる領域があり、パントマイムやジェスチャーと手話の連続性の中間に位置しています。この部分に着目して、多くの人々が図像性こそ手話の最大の特徴だと思い込んでしまったのです。しかし、音声言語においてオノマトペがあくまでも周辺的（中心的ではないということ）な領域であるのと同じで、「図像性」という特徴は、手話の一部に見られる特徴にすぎないのです。

CL構文

　音声言語のオノマトペは、外界の音や音以外の感覚を言語音に置き換えるのに対し、手話でオノマトペにあたる表現は、ものの動きや位置、形や大きさなどを、手の動きや位置、形に置き換えます。

PART 1 手話について知ろう

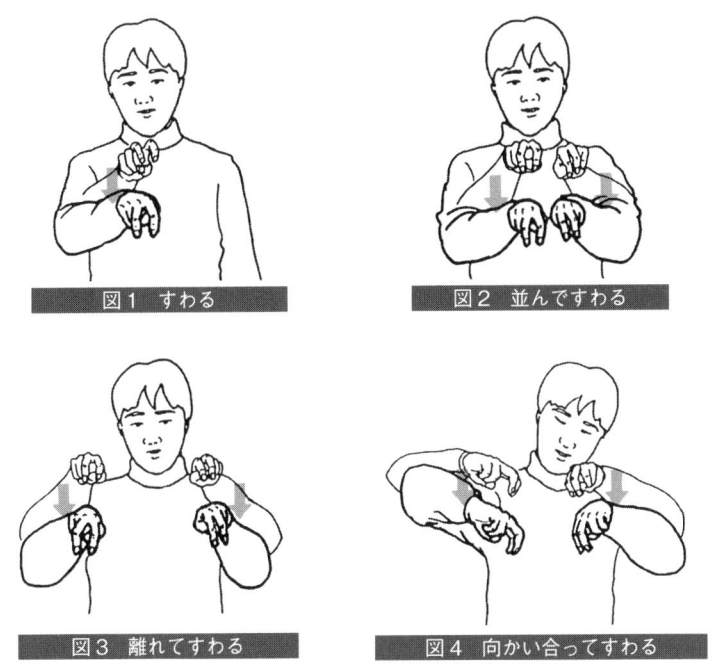

図1 すわる　　図2 並んですわる　　図3 離れてすわる　　図4 向かい合ってすわる

　たとえば、図1は「（イスに）すわる」という意味の表現です。このときの手の形は、もちろん、「イスに腰かけた人間」をかたどったもので、それ自体、図像性をもっています。

　同じ手の形を両手で表現し、その位置関係を変えることによって、「並んですわる」（図2）、「離れてすわる」（図3）、「向かい合ってすわる」（図4）といった意味になります。このとき、両手の位置関係（方向や距離）は、現実の位置関係を反映しています。つまり、図像性を利用しているわけです。

　このような表現を手話の研究や教育の世界では「CL構文」と呼びます。「CL」とはこのような表現における手の形のことで、「classifier」という言語学の用語の略語です（音声言語の言語学では「類別詞」と訳されます）。「構文」のほうは「construction」という用語の訳語ですが、

「文」レベルという意味は特になく、「ひとまとまりの構造」といった意味です。つまり、手の形を「CL」、そのCLを位置や運動と組み合わせた全体を「CL構文」と呼ぶのです。

手話は抽象的なことを表現しにくい？

　外界のものの動きや位置、形や大きさなどを、手の動きや位置、形に置き換えるだけで表現できるのは、もちろん、視覚的に認知できるもの、つまり具象的なものだけに限られます。手話では具象的なものしか表現できず、抽象的なことは表現できない、という誤解はここから生まれるのでしょう。このような誤解は極端としても、依然として手話では抽象的なことは表現しにくいと思い込んでいる人は少なくありません。手話に見られる図像性が、抽象的な意味の表現を制限すると考えているのです。しかし、手話がある一面において図像性を利用していることは、手話がその図像性に制限されることを意味しません。もしも図像性を利用する必要がないならば、その図像性からはいつでも自由になれるのです。

フローズン語彙

　音声言語においても、通常の語彙の中に、オノマトペから語彙化したものが数多く見いだせます。日本語の「サワグ（騒ぐ）」が「ザワザワ」から、「ヒカル（光る）」が「ピカピカ」から転じたものであろうことは、容易に想像できます。

　手話においても、CL構文が語彙化するというプロセスが存在します。CL構文から語彙化した通常の語彙のことを、CL構文に対して「フローズン語彙」と呼びます。

　図5と6は、［跳び上がる］というCL構文と［驚く］というフローズン語彙を比べたものです。日本語にも「跳び上がらんばかりに驚く」

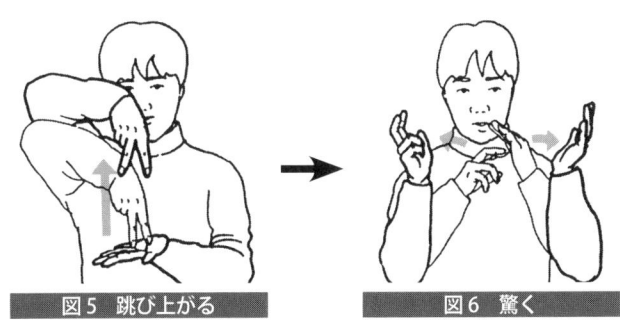

図5 跳び上がる　　図6 驚く

という表現があるように、この［驚く］という語が［跳び上がる］という意味のCL構文から転じたものであることは明白です。

しかし、CL構文では、右手が［直立した人間］、左手が［地面などの平面］を、右手の動きが［跳び上がる動作］を表わしていたものが、フローズン語彙では、右手の指が曲って「腰かけた人間」のようになっていたり、左手の向きが壁面のようになっていたり、離れる動きも「引力に逆らっていて、とても人間にまねできないような動き」になっています。それでも意味の解釈に影響しないのは、［驚く］という語を表出したり理解するにあたって、「跳び上がる」というもとの意味は関係していないからです。

CL構文が語彙化するとは、現実を図像的に反映していた手の動きや位置、形などが、その図像性を失い、意味をもたない要素になるということです。手話は一方で図像性を大いに活用しながら、図像性の制約にしばられることなく、抽象的なことを表現しているのです。

フローズン語彙の音韻的要素

CL構文においては、外界のものの動きや形、位置関係を図像的に反映する手の動きや形、位置関係などの要素は、"連続的"な性格をもっています。すなわち、図2の［並んですわる］と図3の［離れてすわる］（☞ p.27）の間には、連続性があり、表現しようと思えば、両手の

位置関係（距離）によって、「どのくらい離れてすわるか」ということについて細かく表現することができます。指を曲げるかどうかで区別されている［イスに腰かけた人間］と［直立した人間］の間にも、その曲げ具合によって、「少し足を曲げた人間」を（その必要があれば）表現することもできるでしょう。

　しかし、フローズン語彙においては、手の動きや形、位置などの音韻的な要素は、"離散的"です。たとえば、指の曲げ具合や、位置のちょっとした違いなどは、意味の区別に関係しないのです。特に位置については、手の動きや向きなどとの相互作用によって（頭部の場合には頭の動きも含めて）判断されており、右手がどこに接触しているかだけで判断されているわけではありません。したがって、右手の接触する位置が少しずつ違っていたり、指が伸びていたり曲っていたりしている図7〜10の表現は、すべてひとつの単語（［思う］）とみなされるのです。

「語源」をもとにした学習の落とし穴

　手話を学ぶことは単語を学ぶことだと考えている人々が頼りにするものに、「語源」というものがあります。たとえば、［驚く］は「人が跳び上がる姿から」というように、その語の「語源」をもとに、手話の単語を覚えていこうとするのです。しかし、このような「語源」の知識が、

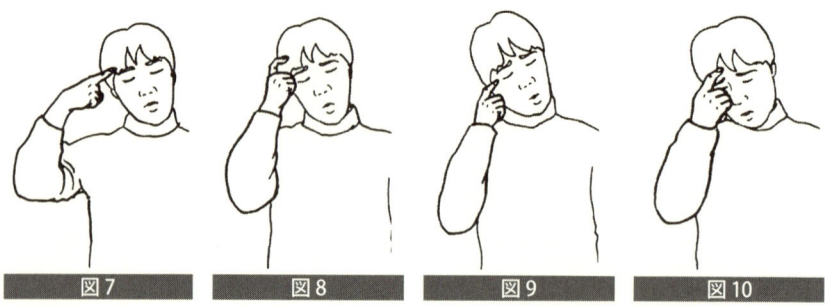

図7　　　　図8　　　　図9　　　　図10

どれほど学習に効果があるかは疑問です。むしろ、学習の弊害になる場合が少なくないようです。

　一般的にいう「語源」とはつまり、そのフローズン語彙が語彙化する前のCL構文を説明したものである場合が多いのです。そのため、CL構文とフローズン語彙の違いや、語彙化のプロセスについて理解していないと、その語彙の本来の形を見失いかねません。たとえば、一般的な手話の学習の場では、［秋田］という単語は、「蕗（ふき）の葉と茎」という語源をもつと説明され、図11のような「語源」に忠実な、いうなれば「よりCL構文的な」すなわち「よりオノマトペ的な」表現が教えられる場合が多いようです。しかし、フローズン語彙では手のひらの向きの区別が失われるので、実際には［秋田］は、図12や図13のようにも表現されます。このように「語源」に忠実な形と、実際に表現されるときの形が違うことはよくあることで、ここに語源を頼りにした学習方法の思わぬ落とし穴があるのです。すでにあげた［驚く］の例でも、語源を頼りに学習した人は、どうしても図5のような表現を期待してしまい、図6のような表現に出会った時に大いに戸惑うことになるでしょう。

　この本では、単語の「語源」についてはいっさい触れないことにしました。また、イラストで紹介する単語は自然な表現であることを第一に考え、意味の区別に関係しない位置や手の形の微妙な違いも、あえてそのままイラスト化してあります。

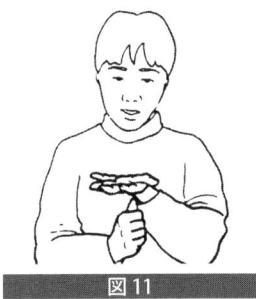 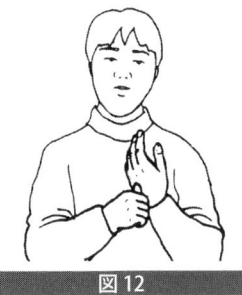 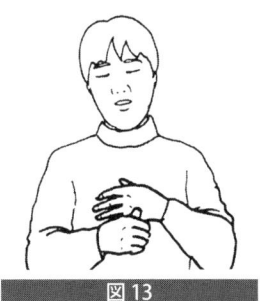

図11　　　　　　　図12　　　　　　　図13

日本手話の文法

　外国語の学習において、文法を知識として学ぶことは、必ずしもその言語を使いこなす力にはつながらないものです。すでに文法を身につけていて、その言語を使いこなしている人たちも、その文法を他人にうまく説明できるとは限りません。ある言語について何か知っているということと、その言語を話すことができるということは、別のことだからです。それでも、基本的な文法については、ある程度解説することも必要でしょう。そこで、以下に日本手話の文法について少し述べることにします。

非手指標識

　基本文法についての解説に入る前に、手話では手の動き以外の要素が文法的に大きな役割を果たすので、まずはそれらの要素について説明しておきましょう。

　手の動き以外の要素のことを、手話の研究や教育の分野では、「非手指標識（非手指動作）」と呼びます（「non-manual marker〔s〕」という用語の訳語です）。非手指標識には、頭の動き、顎の位置、顔の表情（眉の位置、目の開き方、口型）、視線、上体の姿勢などがあります。

　重要なことは、たとえば顔の表情といった場合、「うれしい」「悲しい」などの感情表現を真っ先に思い浮かべると思いますが、手話では顔の表情が言語的に用いられるということです。

　具体的な例をあげましょう。眉の位置と目の開き方の組み合わせを「目のふるまい」と呼ぶとすると、眉の位置には「無標（ふつう）／上げ／下

げ」の3種類、目の開き方には「無標（ふつう）／大きく開く／細める／閉じる」の4種類があるので、目のふるまいには12種類あることになります。それらが言語的に区別されて、さまざまな機能を果たすのです。たとえば、［歩く］という動詞と共起すれば、それらは「意志」に関わる情報を付加し、「思いがけず歩けた」「思い通りに歩いた」「注意深く歩いた」「歩く気もないのに歩かされた」といった意味になります。また、「彼はろう者である」という文と共起すれば「判断の根拠」に関する情報を付加し、「とてもそうは見えないが」「もしかすると」「見たところでは」「最近知ったのだが」といった意味を文につけ加えることになります。

　口型には、唇を一文字に結ぶ形や「い、う、え、お」などの継続的なタイプと、「パ、ピ、プ、ペ、ポ」などの瞬間的なタイプがあります。継続タイプはおもに出来事に対する人間の「コントロール」のあり方を表し、「きちんと」「考えなしに」「問題なく」といった様態副詞的な意味を付加します。瞬間タイプは出来事の「変化」や「状態」のあり方を表し、パは「完了」から「不可逆性」、ポは「出現」から「成就」、プは感情や出来事の「不連続性」を、ピは「小さい」から「無意義、劣る」、ペは物理的な「薄さ、軽さ」から価値・意義としての「軽さ」へと意味が広がっています。

空間利用

　手話の文法においてもうひとつの重要な要素が、話者の身体の前にひろがる空間の利用です。手話の語は、身体前の空間の任意の位置で表出されることによって、特別な意味を付加されます。

　空間の利用には、「物理的」「社会的」「図式的」といった種類があり、それぞれ異なる形で空間をフォーマットします。物理的というのは、たとえば、教室での出来事を語る時に「正面に先生がいて、隣には同級生がいて」といった空間的な配置を身体前の空間に再現するような使い方です。社会的とは、「先輩は自分より上にいて、後輩は自分より下にいる」

とか、「その場にいない家族は自分の横にいて、その家族と相談してから回答すべき相手は自分の正面にいる」というような比喩的な空間利用のことです。さらに、図式的とは「男性対女性」のような横方向の対比や、「組織のトップの下に何人かの管理職、その下にたくさんの部下」というような縦方向の図式を、身体前に描出するような空間利用をさします。

注意すべきことは、その空間的配置はすべて身体と相対するものとして存在するということです。教室内には先生と向き合い同級生と肩を並べる「自分」がいるのであって、そのような存在を抜きにして空間配置は語れないのです。社会的空間の説明における「自分」も同じです。図式的空間においてさえ、物事をそのように図式的に提示しようとしている話者の存在が身体によって示されているともいえます。

すべての基本にあるのは、身体が「主体」を表し、身体と向かい合う空間に「対象」が置かれるという構図です。この構図自体も現実のあり方を図像的に反映したものですが、手話の基本文法に深く関わるものとして、しっかりと頭にとどめておいて下さい。

基本語順

日本手話の語順は、日本語と同じSOV（主語・目的語・動詞）が基本です。名詞の役割を明示するための要素は「後置詞」という形で名詞の後ろにつきます。ただし、主格と対格の標示（日本語の「が」と「を」にあたる）には前述した身体と空間の対立が利用されるため、後置詞はありません。後述するアスペクト（進行、完了、未実現・未完了）やモダリティ（意志・可能、義務・許可など）、テンス（過去）を表す助動詞も動詞の後ろにつきます。さらにその後ろに「文末の指さし」がつく場合があります。この文末の指さしは、直前の語と連続的に表現されます。文末の指さしは「主語」や「話題」の名詞が比喩的に置かれた空間をさします（一人称の場合は自分自身〔鼻か胸〕、二人称の場合は話し相手をさします）。図14～16に例をあげます。

PART 1

手話について知ろう

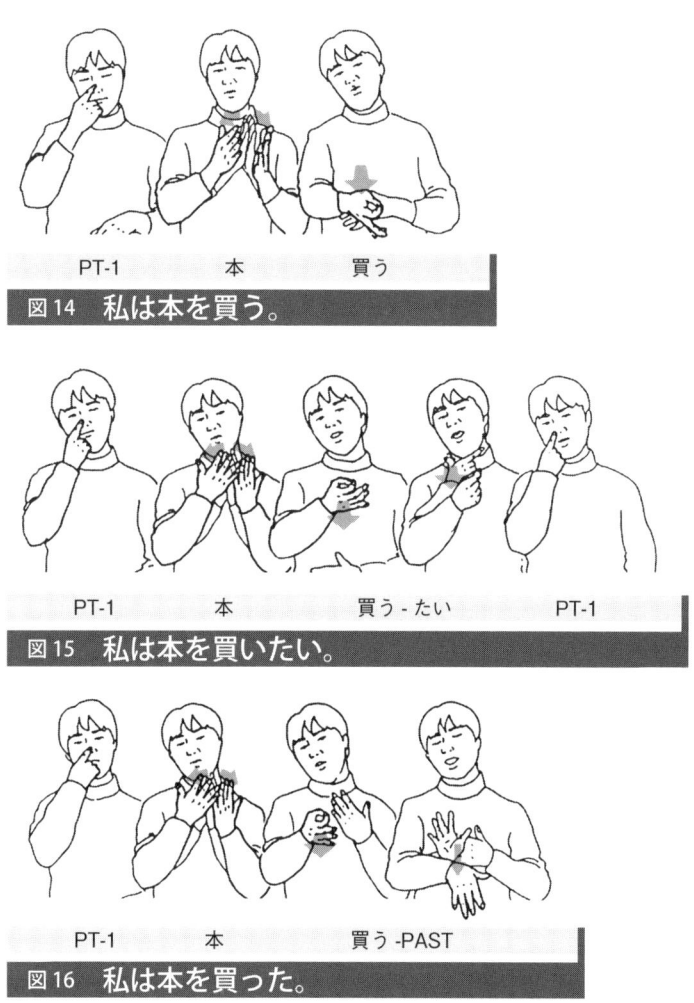

図14　私は本を買う。

図15　私は本を買いたい。

図16　私は本を買った。

修飾と並列

　日本手話の文は語を羅列したものではありません。文と文もただ羅列されるだけではありません。語・句のまとまりや、文の切れ目、つなぎ目を標示するのは、非手指標識のうち、おもに頭の動きと眉の位置です。

頭の動きには、要素をつなぐ役割を果たす「頷き」と、要素を切り離す役割を果たす「移動」（特定の顎の位置まで移動して止める）があります。以下、語と語の間に特定の頭の動きがない場合を「・」、頷きを「＋」、移動を「／」と表示して説明します。

たとえば、句のまとまりについていえば、頭の動きがなく名詞が並んだ場合は、修飾関係（前の名詞が後ろの名詞を修飾する）という解釈になり、名詞の位置に特定の頭の動きがあれば、並列関係（名詞と名詞が等しい関係で並ぶ）という解釈になります。［PT-1・母・妹］は「私の母の妹（＝叔母）」ですが、［PT-1・母＋妹］や［PT-1・母／妹／］なら、「私の母と（私の）妹」になります。

話題化と焦点化

話題になる名詞を文の先頭に移動したり、焦点になる名詞を文の後ろに移動したりする場合にも、非手指標識でマークされます。［PT-1・本・買う］（私が本を買う）という文（図14）で、「本」を話題化すると［本／PT-1・買う］（「本は私が買います」）となり、焦点化すると［PT-1・買う／本］（「私が買うのは本です」）となります（図17・18）。焦点化に際しては、非手指標識とともに疑問詞が用いられる場合があります。［PT-1・買う・何／本］のような形です。このような文をWH分裂文と呼んだりします（「修辞疑問文」とも呼ばれます）（図19）。

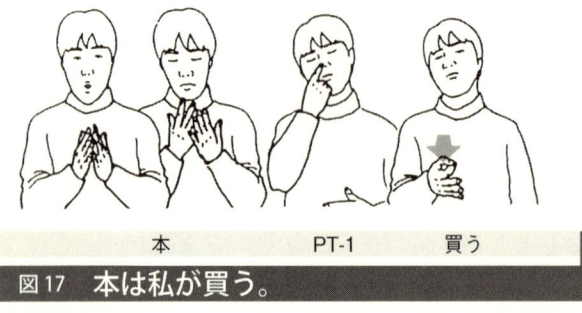

図17　**本は私が買う。**

PART
1

手話について知ろう

| PT-1 | 買う | | 本 |

図18 私が買うのは本だ。

| PT-1 | 買う | 何 | 本 |

図19 私が買うのは本だ。

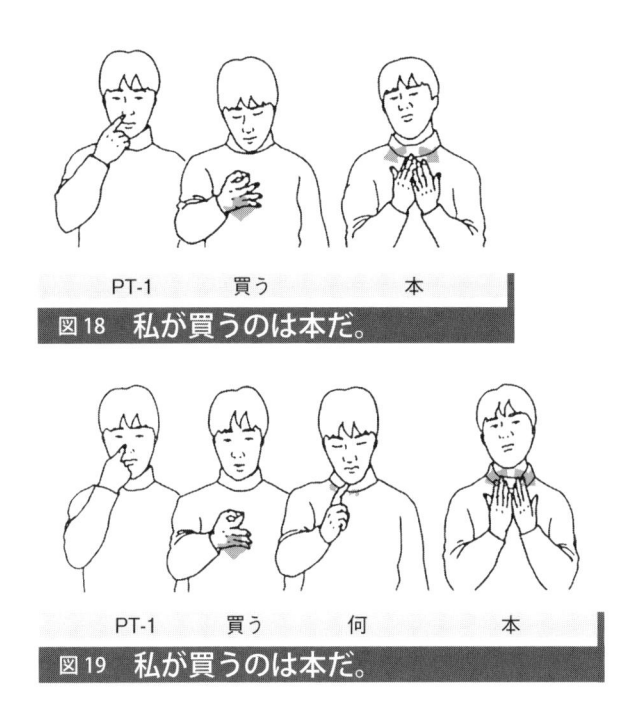

関係節

　関係節（名詞を修飾する節＝連体修飾節）は、日本語と異なり、被修飾名詞は節内にとどまる場合が多いので注意が必要です（主要部内在型関係節といいます）。［田中／鈴木・弁当・作る／食べる］のような構造で、「田中さんは鈴木さんが作ったお弁当を食べた」という解釈になります。無理やり直訳するなら、「田中さんは鈴木さんがお弁当を作ったのを食べた」というような構造です。「／」で表示した頭の動き「移動」は、一つ目は話題化、二つ目は関係節が埋め込まれていることを標示しています。なお、形容詞と名詞の語順については、日本語と同じ［おいしい・弁当］という語順もある一方で、［PT-1／弁当・おいしい／食べる］というように、一見すると名詞－形容詞に見える語順も一般的なのですが、これも実は

37

「私はお弁当のおいしいのを食べる」という構造であり、名詞を修飾する形容詞（限定形容詞）ではなく、「お弁当がおいしい」という叙述形容詞を含む関係節が埋め込まれた構造であると考えられます。

補文構造

動詞の中には、主語や目的語に「文」をとる動詞があります。そのような文を補文といいます。日本語では「～が～すること／のを知っている」のように、「こと」や「の」などが補文の標識となります（英語ではthat節やto不定詞などがそれにあたります）。「移動」の非手指標識は、この補文の標識としても用いられます。

時間節・理由節と条件節

節と節の接続に関しても、頷きと移動の対立が重要な役割を果たします。［雨が降る］と［渋滞する］という二つの節の接続に際して、頷きで接続すれば、「雨が降ってから渋滞する（時間的順序）」あるいは「雨が降ったので渋滞する（理由）」という意味ですが、移動で接続した場合は、「雨が降ったら渋滞する（条件）」という意味になったりします。

他動詞と自動詞

CL構文（☞p.26）は、主体の動作を表す「操作CL」、対象の動きを表す「実体CL」、対象の形をなぞる「拡張CL」の3種類に大きく分類できます。それらは文法的にいえば、典型的にはそれぞれ他動詞、自動詞、形容詞に相当します。つまり、目に見える世界の表現においては、日本手話では他動詞（人間が何をしたか）と自動詞（対象がどうなったか）は別の動詞が担うことになります（［ドアを開ける］と［ドアが開く］）。それに対して、目に見えない世界の表現においては、動詞そのものには他動詞と自動詞の区別はありません（［壊す／壊れる］［決める／決まる］）。ただし、「コントロール」系の口型（☞p.33）が共起すると他動詞解釈になるといった区

別はあります)。

一致動詞

　行為が主体から対象に向かうという方向性をもつ出来事の場合は、動詞は基本的に身体側から前方に向かう運動をもちます(これも図像性の反映です)。運動の起点は行為主体であり、運動の終点は行為の向かう対象です。中でも特に、行為の対象も人間であるような出来事に関しては、運動の起点と終点を逆転させて、行為の受け手を身体側に置くことのできる特別な動詞が用意されています。それらは「一致動詞」と呼ばれます([いう] や [助ける])。「A が B にいう」という出来事の場合、通常は行為者を身体側に置いて表しますが、行為の受け手を身体側に置いて「B が A にいわれる」のように表現するわけです。これは日本語の「受け身」に似ていますが、厳密にはまったく同じというわけではありません。日本語では「彼が私にいった」には、対応する受身形「私が彼にいわれた」がありますが、日本手話ではその 2 つの文にあたる表現は動詞の向きでは区別されません。それは日本手話には一人称は常に身体側に置かれなければならないという制約があるからです(上記の 2 つの文の違いによく似た区別は、主語・話題を表す文末の指さしが担います)。

動詞連続構文

　日本語では「電気がつく」という対象の変化を人間が生じさせた場合、人間が具体的に何をしたかは問わずに「電気をつける」という他動詞を用いますが、日本手話の実体 CL [電気がつく] はあくまでも対象の変化を表すだけで、人間の行為を表しません。そこで、人間が生じさせたということを述べるには、[ひもを引く] とか [スイッチを入れる] といった具体的な行為を表す操作 CL を実体 CL の前に置きます。このように 2 つの動詞を連続させる構文を「動詞連続構文」と呼びます。

　日本手話の動詞連続構文の基本は、「他動詞(人間が何をしたか)＋自動

詞（対象がどうなったか）」という構造です。そのため、たとえば日本語では「刺し殺す」と表現する出来事のもっとも典型的な表現は、日本手話では［刺す・殺す］ではなく、［刺す・死ぬ］になります。

使役構文

　人間が対象の変化を生じさせる、という出来事の中で、対象も人間である場合は特別な表現が用意されています。日本語でも「モノを立てる」ことはできても、「人間を立てる」ことはできず、「人間を立たせる」といわなければなりません。日本手話では、「手を添えて立たせた」場合は［手を添える・立つ］という動詞連続構文で表しますが、口頭で命令だけして「立たせた」場合には、［立つ（命令）／わかる／立つ］のように、「使役者の行為（この場合は命令）」と「被使役者の行為（立つ）」の間に［わかる］や［かまわない］といった要素が挿入されます（命令や［わかる］の位置には、特定の非手指標識が伴います。後述する「モダリティ」の「伝達モダリティ：命令」〔p.42-43〕の部分を参照）。

主体移動構文と非意図性

　実体 CL のうち、人間や乗り物を表す CL は特別なふるまいをします。すでに述べたように、人間の行為は身体側で、対象の変化は空間で生じるというのが手話の基本的な空間配置ですが、人間の身体は行為の対象であると同時に主体の一部でもあるという性格があります。そのため、出来事の認識主体と変化する対象が同一である場合、手話では手指が身体側に引き寄せられ、手指の運動に上体の動きが同期（シンクロ）します（認識主体と対象が同一でない場合とは、「誰かが座るのを見る」ような状況です。座る人と見る人は別人です）。なお、認識主体は必ずしも意志をもっているとは限りません。たとえば、「台から降りる」は意図的であるのに対して、「台から落ちる」というのは非意図的です。手話ではこの 2 つの出来事は同じ人間実体 CL 構文によって表現されますが、非意図的である場合には、特定の目の

ふるまい（眉を上げずに目を大きく開く）を含んだ顔の表情を伴います。自分が乗り物に乗っている場合も同様で、「車を後ろに下げる（バックさせる）」と「車が後ろに下がる（勝手にバックする）」も顔の表情で区別します。

心理変化、想起、知覚、中間構文

前節の例で非意図性を表した目のふるまいの基本的な意味は、「視覚以外のなんらかの知覚が存在すること」です。そのため、心理変化の動詞の一部（［唖然とする］）や想起の動詞（［思いつく］など）はこの表情を伴います。また、手話には視覚と聴覚以外の感覚による知覚を表す専用の動詞がありません。［食べる／飲む／舐める］［触る］［息を吸う］などの身体動作の動詞にこの表情が伴うことによって、初めて［味覚／触覚／嗅覚で知覚する］という知覚の意味が生まれます。「ドアは簡単に開いた」や「あの本はよく売れた」など、英語などで「中間構文」と呼ばれる表現もこの表情を伴うことで作られます。これはその顔の表情が、行為（ドアを開ける、本を売る）を通して新情報（簡単に開く、よく売れる）が得られることを表すからです（日本語では「開く」という自動詞や「売れる」という可能の表現になっていますが、手話では［開ける］［売る］という他動詞が用いられる点に注意しましょう）。

アスペクト（進行、完了、未実現など）

出来事の時間的側面に関する情報を「アスペクト」といい、語彙がもつ情報を「語彙的アスペクト」、文法的な標識によって最終的に示される情報を「文法的アスペクト」といいます。

語彙的アスペクトには、たとえば、状態（始まりと終わりがはっきりしないもの）、継続（時間的な幅のあるもの）、瞬間（時間的な幅のないもの）などがあります。日本語ではアスペクトの標識「ている」をつけると、継続の動詞（「食べている」）は「進行」を表し、瞬間の動詞（「死んでいる」）は「完了」（結果）を表します。また状態の動詞（「いる」）には「ている」

がつけられません。日本語では「ている」をつけてみて、ようやく語彙的アスペクトの違いがわかります（つまり、語だけを眺めても違いがありません）が、手話の動詞は語彙的アスペクトの違いが、動詞の形に反映します。［いる］などの「持続」タイプには小さな動きしかなく、［食べる］などの「反復」タイプには反復の動きがあり、［死ぬ］などの「瞬間」タイプには一回だけの大きな動きがあります。

一方、日本手話の文法的アスペクトの標識には、進行の［中］、完了の［終わる］、未完了・未実現の［まだ］といった助動詞があり、動詞の後ろに置かれます。このほか、手の動き方（ゆっくり動かしたり、動きの最後の部分を保持したりする）、口型（唇を一文字に結ぶ形は継続、「パ」という口型は瞬間という意味をもつ）、非手指標識（特定の目のふるまいや頭の動き）によっても、アスペクトに関する情報が表されます。

否定

たいていの言語は、動詞の基本形で肯定を表し、特定の標識をつけることで否定を表します。この否定の表現をめぐっても、日本手話には日本語とはずいぶん異なる特徴があります。

まず、日本手話の否定の標識には、意志の否定や禁止に関わるものと、存在や事実の否定に関わるものがあります。基本動詞や助動詞の場合は、否定の標識が同化して一語のようになったり（［わからない］［必要ない］など）、そもそもまったく別の語を否定形として用いたりします（［できる］に対する［できない］など。前節の［まだ］も［終わる］に対する否定形です）。また、頭の動き（頷きや首振り）も肯定・否定の表現に関わります。

モダリティ

話者の態度に関する情報を「モダリティ」といい、出来事に対する態度を「命題モダリティ」話し相手に対する態度を「伝達モダリティ」といいます。

命題モダリティには、意志・可能、義務・許可、必然性／蓋然性／可

能性に関する判断などが含まれます。これらは英語では「must」「may」「can」「should」などの助動詞によって表され、日本語でも「しなければならない」「してもよい」「に違いない」「かもしれない」といった助動詞相当句で表現されます。日本手話も［できる（可能）］［できない（可能の否定）］［必要（義務）］［必要ない（義務の否定）］［かまわない（許可）］［思う（蓋然性）］［知らない（可能性）］などの助動詞化した語によって表現します。蓋然性は非手指標識（目のふるまい）によっても標示されます。

伝達モダリティには、疑問、命令、感嘆などが含まれます。英語ではおもに文タイプによって、日本語ではおもに「か、よ、ね」などの終助詞によって表されます。日本手話ではおもに頭の動き、顎の位置、眉の位置の組み合わせによって表されます。特定の位置に向かって顎を動かす「移動」、首を横にふる「首ふり」、首を縦にふる「頷き」、顎をぐっと持ち上げる「顎上げ」に、それぞれ大きさによる二通りの区別があり、それらが伝達／感嘆、否定・wh疑問／感嘆、確認／肯定、断定／同意といった意味を表します。眉を上げたり下げたりすることで、肯定や感嘆からイエス／ノー疑問が、断定から命令が作られます（眉上げは相手や状況の側に焦点があたっていることを、眉下げは話者の側に焦点があたっていることを表します）。顎の位置は、上下前後の４つの位置が一貫して区別されており、「上／下」は「客観的／主観的」、「前／後」は「関与的／非関与的」というのが基本的な意味であると考えられます。たとえば、顎上げという動きによって表される「命令」（ここでは非常に広い意味をもつ）は、顎と眉の位置の組み合わせによって、下表のようなさまざまな意味になります。

顎＼眉	眉上げ	眉下げ
上	指示	強制
下	助言	説得
前	提案	催促
後	無責任な提案	押し付け

語の意味

　ここまで日本手話の語を［　］で囲って、便宜上日本語のラベルをつけて記述してきましたが、もちろん、手話の語の意味はラベルの日本語の意味と同じではありません。たとえば、「許可の助動詞」である［かまわない］（図20）は単独で形容詞として使われますが、その意味は日本語の「かまわない」とまったく同じではありません。「お手伝いしましょうか？」という提案に対して、日本手話では［かまわない］で応答するのはごくふつうのことです。せっかくの申し出に対して、それを"許可"するとはどういうことかと思うかもしれません。しかし、「こんど遊びにおいでよ」という誘いにも［かまわない］と応答するのだと聞いたらどうでしょうか。［かまわない］の正体が少し見えてきたのではないでしょうか。

　例をあげればキリがありませんが、もうひとつ［得意］（図21）という語を取り上げましょう。この語は、感嘆文や疑問文で用いられて「どうして？」という意味をもつ場合があります（図22）。これは、［得意］という語には「思いのほかよくできる」という基本的な意味があり、それが転じて、「なぜそのようなことが起こりうるのか？」という意味になるからです。このように日本手話の語には日本語とは異なる意味があるということを忘れないようにしましょう。

図20　かまわない　　図21　得意

知る　　得意　　PT-2？
図22　どうして知っているのですか？

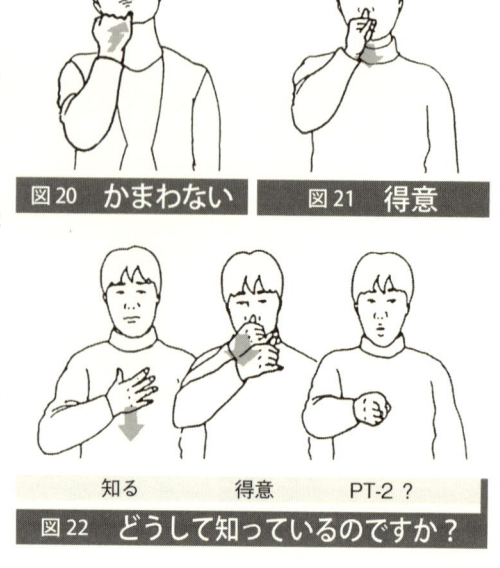

手話について知ろう

借用

　ろう者は日本語と日本手話のバイリンガル（二言語使用者）であり、日本手話はつねに日本語から大きな影響を受けています。語彙は、音韻や文法よりもほかの言語からの影響を受けやすく、その顕著な例が「借用」という現象です。借用とは、他言語から単語や句を借りてくることです。

　もっとも直接的な借用は、日本語の口型を取り入れることです（手話独自の口型と区別して「マウジング〔mouthing〕」と呼ばれます）。手話の語やCL構文と共起して、補完的な機能を果たしますが、日本手話の一部に組み込まれた段階で、日本語とは異なる意味になる場合も少なくありません。たとえば、図23の語は「オーバー」という口型を伴いますが、その意味は「ひどい」とか「ありえない」という意味で、日本語の「オーバー」とは異なります。

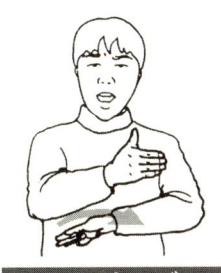

図23　オーバー

　かな文字を借用するシステムとしては指文字があります（☞ p.190）。おもに固有名詞を表現するときなどに使われますが、一文字や二文字の語であれば、日本手話の一部として定着することもあります（「〜市」や「無理」など）。また、手話の語の手型に指文字を組み込んだり（［教養］の手型を指文字の「チ」に変えて［知識］など）、指文字と組み合わせて複合語を作ったりします（［寮］など）。

　漢字を借用するシステムとして漢字語もあり、やはり固有名詞の表現に多用されます。「小、中、川、井、田」など、漢字をもとにして作られた漢字借用専用ともいえる語のほか、通常の語も、特定の漢字と結びついて漢字借用に使われます（PART2「漢字と結びついている名前」参照☞ p.62）。

慣用句

　日本手話は独自の言語ですから、日本手話独自の慣用句もあります。

慣用句というのは、2つ以上の語が結びついたとき、ひとつひとつの語の意味を知っていても、それだけでは全体の意味が類推できないような表現のことです。図24の［目・安い］などはそのよい例でしょう。［目・安い］とは「ふつうなら見つけられる（見抜ける）ものを見つけられない（見抜けない）」ということで、日本語の「どこに目つけてるんだ」と同じような意味です。日本語には「目が高い」はあっても「目が安い」という慣用句はないため、誤用とみなされることも少なくありませんが、慣用句はそれぞれの言語に特有のものですから、日本語にないからといって誤用とみなすのは間違いです。

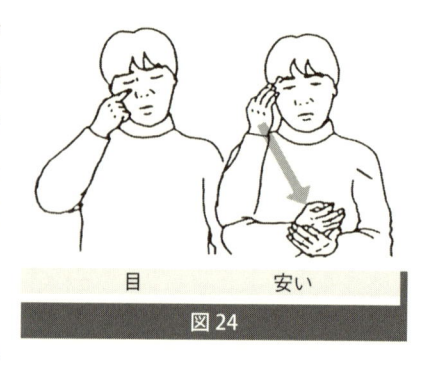

図24

日本手話の方言

　言語であれば必ずあるのが、地域差、つまり方言です。もちろん、日本手話にも方言があります。ただ、経験的には日本手話の方言差は、日本語の方言差（たとえば、東北地方の方言と九州南部の方言との差）よりもずっと小さいのではないかと思います。少なくとも、方言間の違いは、地域の異なるろう者同士のコミュニケーションに支障をきたすほどではありません。また、多くの話者はほかの地域の方言に対してもある程度の知識をもっており、さらに、共通語的なものも自然発生的に生まれています。地域差が目立つのは語で、文法については地域差はほとんどないようです（音韻の地域差については研究もなく、まだよくわかっていません）。

　たとえば、［名前］という単語には、代表的なものが2つあり（図25と図26）、全国各地では、たいていこのどちらかの語が使われています。関東地方では図25の単語が、関西地方では図26の単語がおもに使われていますが、その分布は東日本と西日本というふうに単純に分かれているわ

図25　　　　　図26

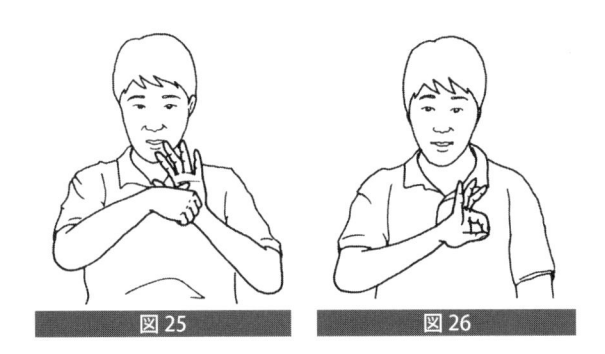

けでもないようです。

　なお、この本で紹介したのは、おもに東京地方で使われている方言です。ほかの方言で有力なものがある場合には、必要に応じて併載してあります。

日本手話のバリエーション

　方言のほかにも、日本手話には多くのバリエーションがあります。年齢によるスタイルの違いもあれば、敬意表現とふつうの表現の違いもあります。また、インフォーマルな（打ちとけた）場面と、フォーマルな（堅苦しい）場面では、選ばれる語や文型などが異なります。

　この本では、ろう者同士がふだん用いている日本手話のバリエーションのうち、年齢のそれほど離れていない初対面の人同士の間で使うスタイルを紹介するようにしました。

　「手話を学ぶということは、外国語を学ぶようなものです」——ここまで読み進んで来られた方には、このことばの意味が、ある程度わかっていただけたのではないかと思います。さあ、それでは、手話を実際に学んでいくことにしましょう。

PART 2

手話を実際に学んでみよう

Part2 の使い方

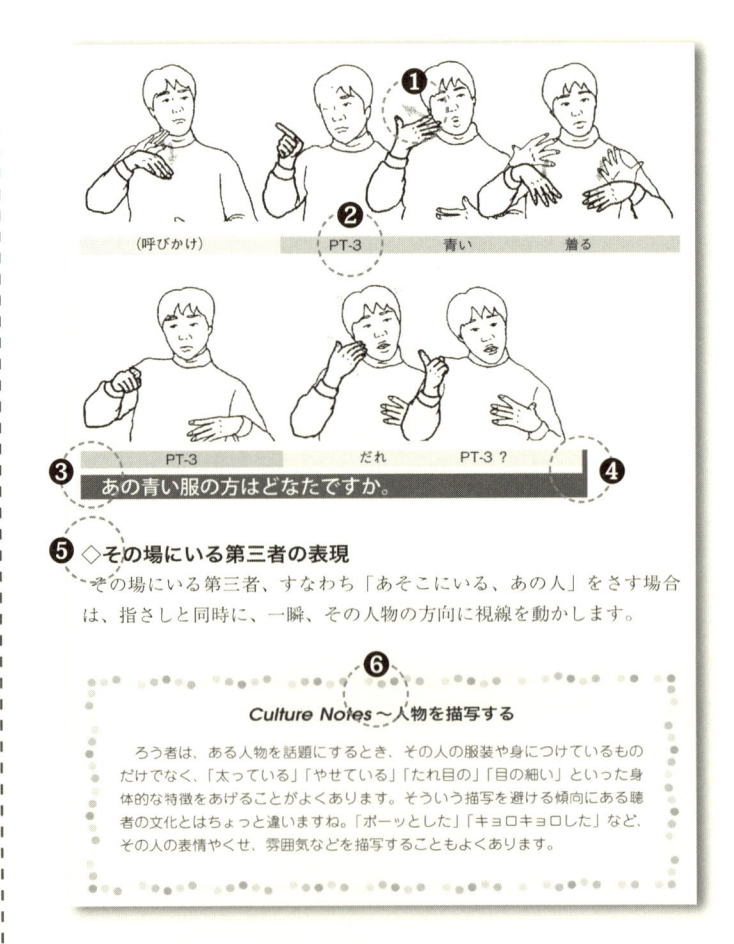

(呼びかけ) ❷ PT-3　青い　着る

❸ PT-3　だれ　PT-3? ❹
あの青い服の方はどなたですか。

❺ ◇その場にいる第三者の表現
　その場にいる第三者、すなわち「あそこにいる、あの人」をさす場合は、指さしと同時に、一瞬、その人物の方向に視線を動かします。

❻
Culture Notes〜人物を描写する
　ろう者は、ある人物を話題にするとき、その人の服装や身につけているものだけでなく、「太っている」「やせている」「たれ目の」「目の細い」といった身体的な特徴をあげることがよくあります。そういう描写を避ける傾向にある聴者の文化とはちょっと違いますね。「ボーッとした」「キョロキョロした」など、その人の表情やくせ、雰囲気などを描写することもよくあります。

❶ 矢印は手の動きを示しています。⬅ は動作の反復を示します。
❷ 手話単語のラベル。単語の意味ではなく、仮につけた名前です。
❸ 手話文の日本語訳です。
❹ 文の終わりを示します。
❺ 文法や単語の意味用法についての簡単な解説です。
❻ ろう者の文化を紹介したコラムです。

TOPIC 1

名前をたずねる

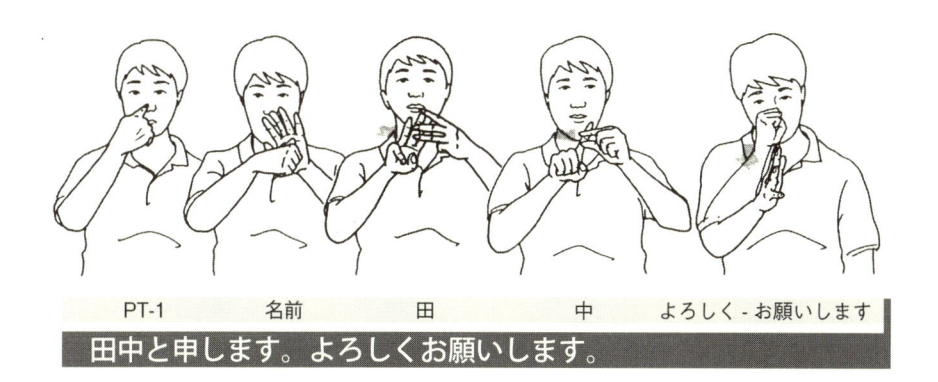

・・・・・・・・・・・・・・・ キーセンテンス ・・・・・・・・・・・・・・・

| PT-1 | 名前 | 田中 | よろしく-お願いします |

田中と申します。よろしくお願いします。

◇話題化

　話題化とは「これからこのことについて話す」という話題の提示です。非手指標識の頭の動き「移動」（特定の顎の位置まで移動して止める）と特定の眉の位置によってマークされます。上の文では、文頭から眉を上げ、［名前］で顎を引き、しばらく止めた後、頭と眉の位置を戻します。これで［PT-1・名前］の部分が話題化されます（☞p.36）。話題化の中で名詞が並んでいる場合は、先の単語が後の単語を修飾しますので、上の文は、「私の名前についていうなら、それは田中です」という構造になっています。

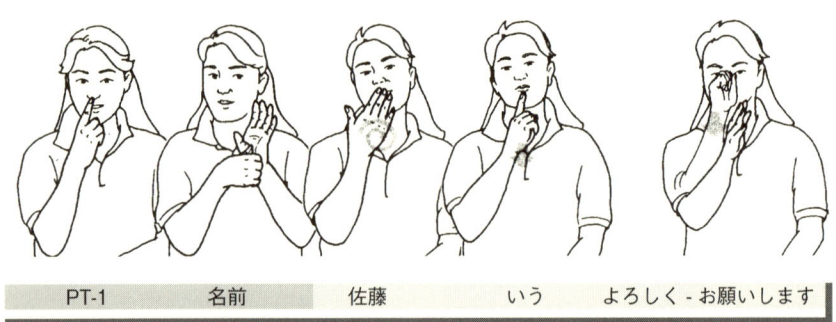

TOPIC 1

名前をたずねる

| PT-1 | 名前 | 佐藤 | いう | よろしく-お願いします |

佐藤と申します。よろしくお願いします。

◇名前の紹介の仕方

　日本語に、「○○です」「○○と申します」「○○といいます」など、いろいろないい方があるのと同じように、手話にも名前の紹介のしかたにはいろいろなパターンがあります。上の文は［いう］をもちいた例です。

◇ WH 疑問文

　WH 疑問文とは、「はい、いいえ」では答えられない疑問文のことで、通常「何、誰、いつ、どこ、なぜ」など英語では「WH」から始まる疑問詞を用いることから、その名前があります。眉を上げるか下げるかして、顎を前方（もしくは斜め前方）に突き出し（「前への移動」）、首を横に小きざみにふるというのが、もっとも典型的な WH 疑問文の非手指標識です。疑問詞があれば、首をふる動作はなくてもかまいません。逆に、首をふる動作があれば、左のイラストのように［何］などの疑問詞がなくても WH 疑問文になります。

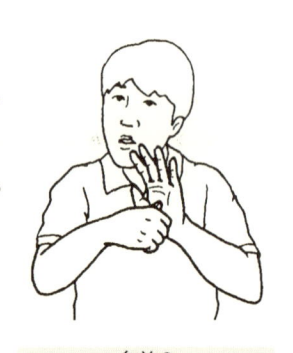

名前？
お名前は？

| PT-2 | 手話 | 先生 | 誰 | PT-3 |

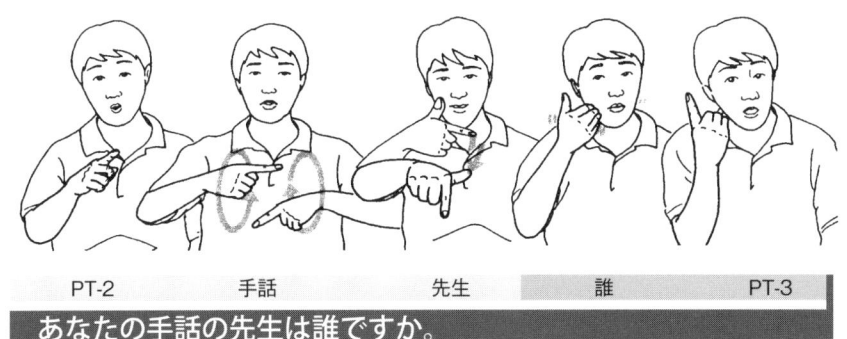

あなたの手話の先生は誰ですか。

◇疑問文の中での話題化

　上の例文では、[PT-2・手話・先生]の部分には、眉上げはありますが、WH疑問文の非手指標識はかかっていません。これはその部分が話題化されていることを示しています。疑問文中の話題化では、その境界に頭の動きは必要ありません。

◇文末の指さし

　手話では、文末に指さしが現れることが多く、その指さしは主語や話題と一致します。具体的には、主語や話題が結び付けられている空間を指さします。

◇その場にいない第三者の表現

　上の例文の文末の[PT-3]は斜め上方をさしています。これは「教える人は社会的に上位」という空間的な比喩によって、その人物が上方に位置づけられているからです。PT3が具体的にどの空間を指さすかは、「物理的」「社会的」「図式的」といった空間利用の種類によっても異なります（☞p.33）。

TOPIC 1

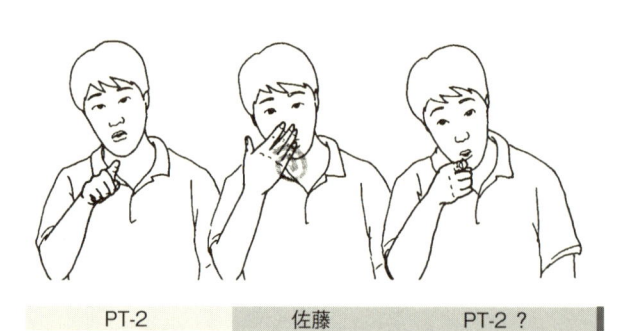

名前をたずねる

| PT-2 | 佐藤 | PT-2？ |

あなたは佐藤さんですか？

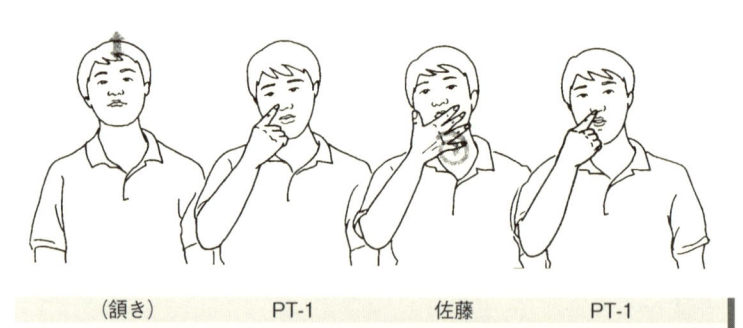

| （頷き） | PT-1 | 佐藤 | PT-1 |

ええ、私が佐藤です。

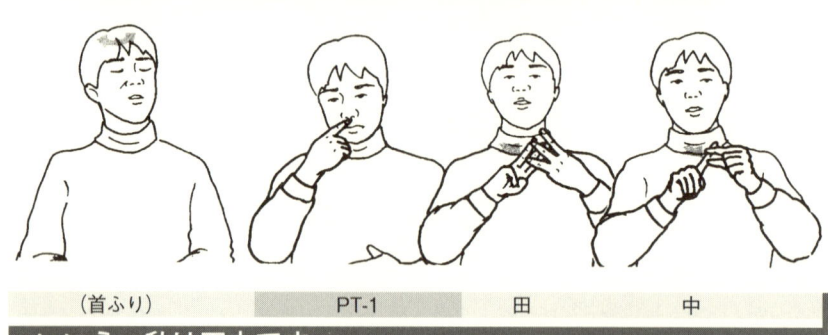

| （首ふり） | PT-1 | 田 | 中 |

いいえ、私は田中です。

◇イエス／ノー疑問文

　イエス／ノー疑問文とは「はい、いいえ」で答えられるような疑問文です。眉を上げ、文末の単語（文末が指さしの場合は、その前の単語）で顎を引く（「下への移動」）のが、典型的なイエス／ノー疑問文の非手指標識です。

◇イエス／ノー疑問文に対する答え

　イエス／ノー疑問文に対しては、まず肯定か否定かをはっきりと示します。肯定の場合は頷く、否定の場合は左右に首をふるという動作が基本です。一般的なジェスチャーと似ていますが、微妙なニュアンスをつけ加える表情には、一般的な表情とはやや意味づけが異なる手話特有の表情もあるので、注意が必要です。また、首ふりの場合は顎の位置によって意味が変わってきます（☞p.166）。

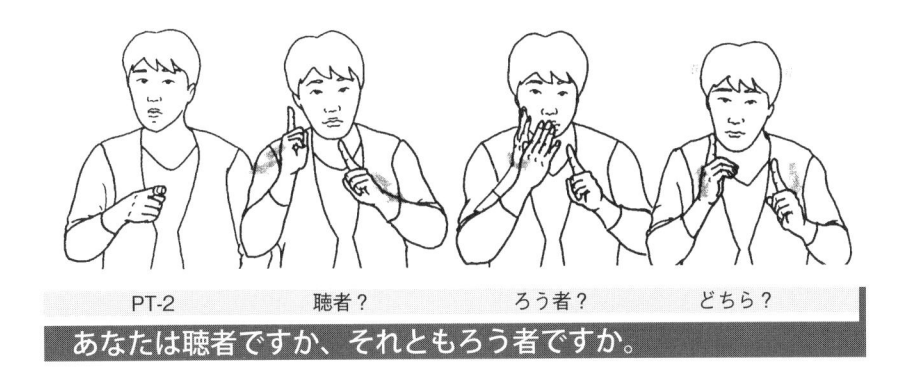

| PT-2 | 聴者？ | ろう者？ | どちら？ |

あなたは聴者ですか、それともろう者ですか。

◇選択疑問文

　イエス／ノー疑問文を2つ続け、最後にWH疑問文をつけ加える形です。2つの疑問文の間に「それとも」にあたる小きざみな首ふりを挿入することもあります。

TOPIC 1

名前をたずねる

(呼びかけ)	PT-3	青い	着る

PT-3	だれ	PT-3？

あの青い服の方はどなたですか。

◇その場にいる第三者の表現

　その場にいる第三者、すなわち「あそこにいる、あの人」をさす場合は、指さしと同時に、一瞬、その人物の方向に視線を動かします。

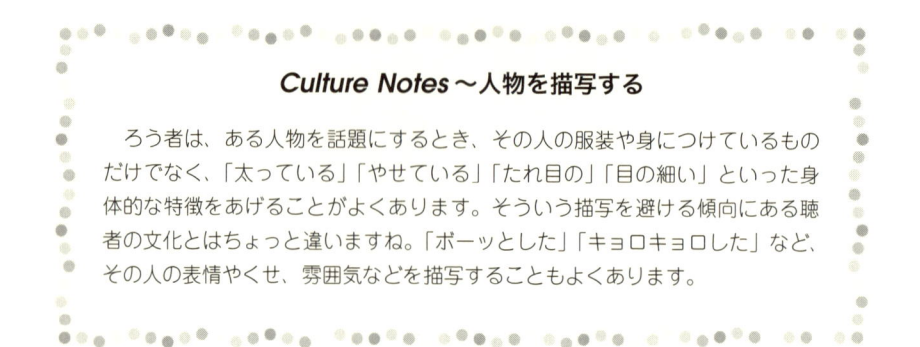

Culture Notes ～人物を描写する

　ろう者は、ある人物を話題にするとき、その人の服装や身につけているものだけでなく、「太っている」「やせている」「たれ目の」「目の細い」といった身体的な特徴をあげることがよくあります。そういう描写を避ける傾向にある聴者の文化とはちょっと違いますね。「ボーッとした」「キョロキョロした」など、その人の表情やくせ、雰囲気などを描写することもよくあります。

PART 2

手話を実際に学んでみよう

PT-3　　田　　中　　PT-3

聴者　　PT-3

彼は田中さんで、聴者です。

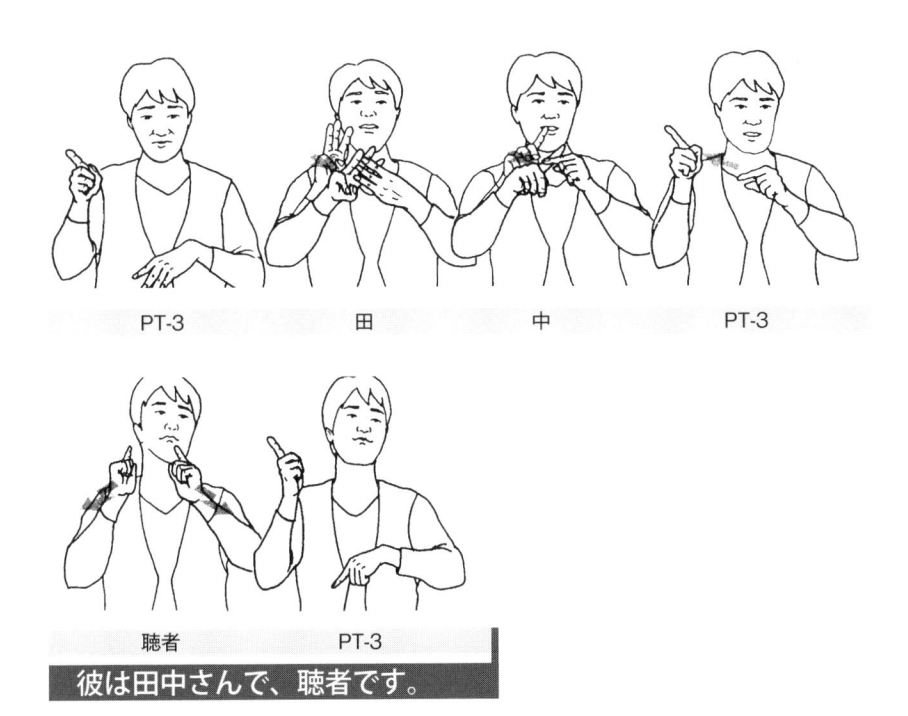

Culture Notes 〜名前を知らなくてもまた会える

　ろう者は、初対面の相手がろう者であるか聴者であるかを、直接本人にたずねて確かめます。「そんなことを聞くのは失礼ではないか」と思われるかもしれませんが、ろう者の世界では、ごく当たり前のことなのです。
　また、ろう者は互いに名前も告げずにおしゃべりをし、そのまま別れてしまうこともよくあります。だけど大丈夫。またどこかで会えるでしょうし、友人たちの中には彼のことを知っている人もいるでしょう。当人同士は初対面であっても、必ず何人かは共通の友人がいるものです。それほど、ろう者の世界は狭く、人間関係も緊密なのです。

TOPIC 1

名前をたずねる

・・・・・・・・・・・・・・・・・・・・・・・・・ 会 話 ・・・・・・・・・・・・・・・・・・・・・・・・・

| はじめまして | PT-1 | 名前 | 佐藤 |

| いう　よろしく - お願いします | PT-2 | 名前 | PT-2 ？ |

はじめまして。佐藤と申します。よろしくお願いします。あなたは？

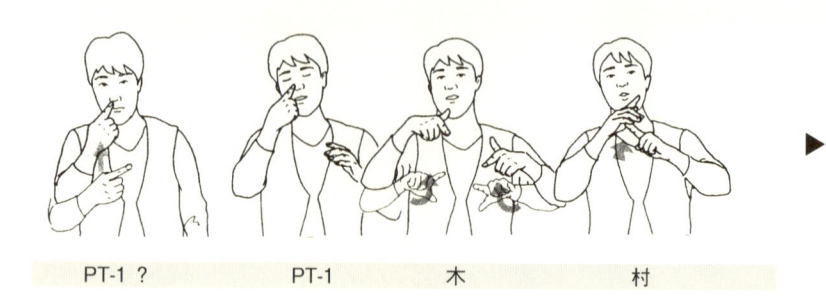

| PT-1 ？ | PT-1 | 木 | 村 |

58

PART 2

手話を実際に学んでみよう

いう　　よろしく - お願いします　　PT-2　　聴者？

ろう者？　どちら？

私ですか？私は木村です。よろしくお願いします。
あなたは聴者ですか、ろう者ですか？

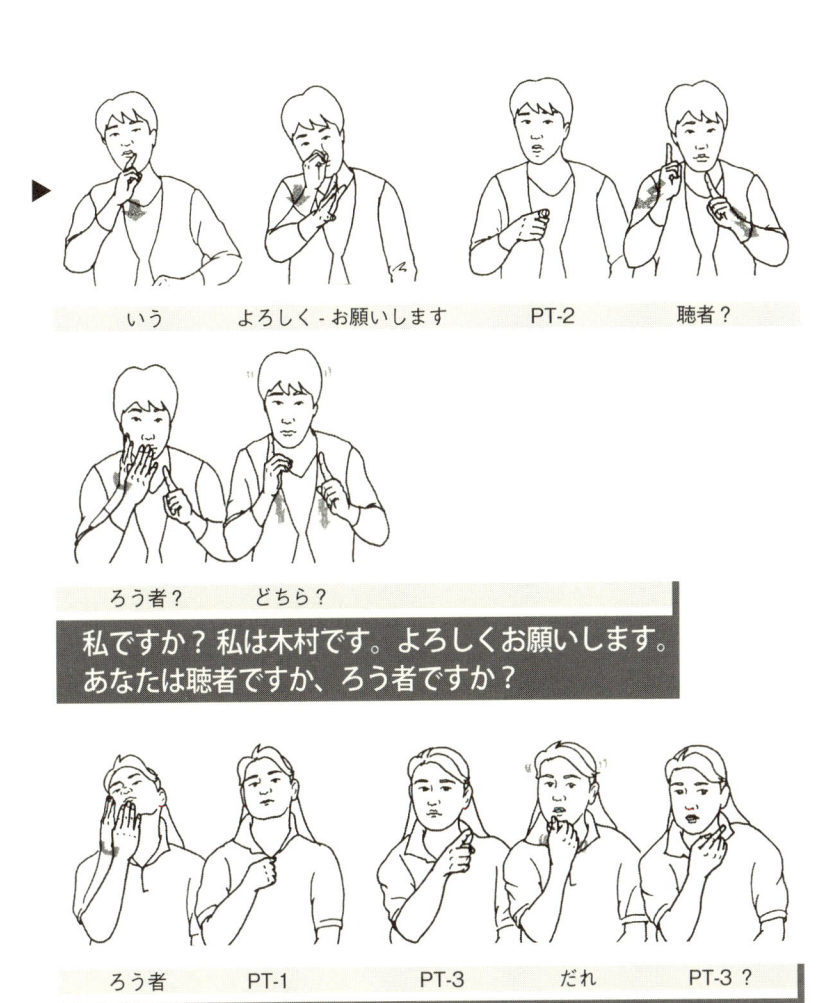

ろう者　　PT-1　　PT-3　　だれ　　PT-3？

ろう者です。そちらの方はどなたですか。

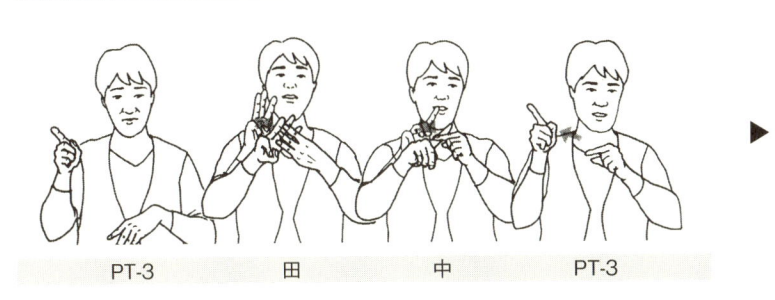

PT-3　　田　　中　　PT-3

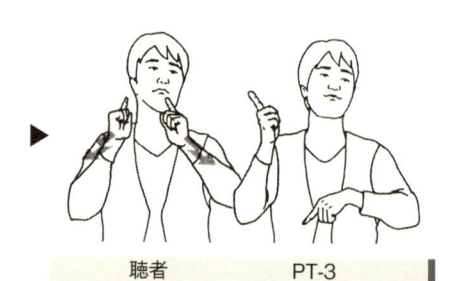

TOPIC 1

名前をたずねる

聴者　　　　PT-3
彼は田中さんで、聴者です。

はじめまして　　PT-1　　名前　　田

中　　よろしく-お願いします
はじめまして。田中です。よろしくお願いします。

（頷き）　　よろしく-お願いします
よろしくお願いします

PART 2

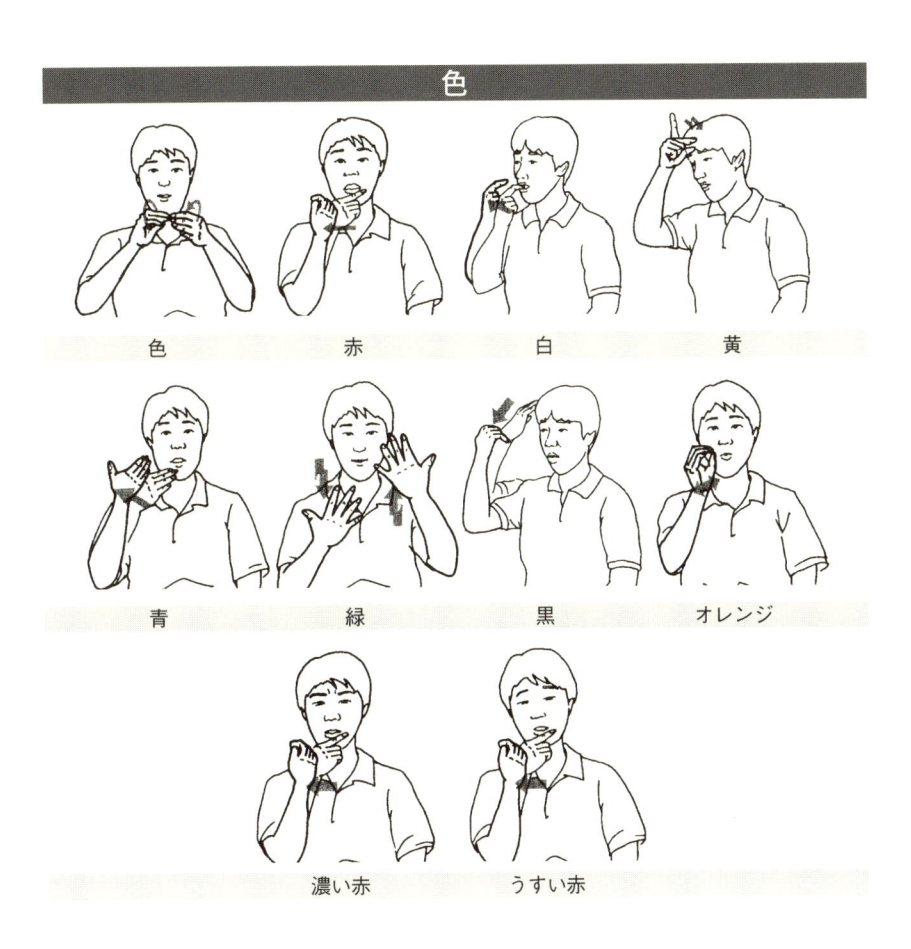

手話を実際に学んでみよう

······················· **ボキャブラリー** ·······················

色

| 色 | 赤 | 白 | 黄 |

| 青 | 緑 | 黒 | オレンジ |

| 濃い赤 | うすい赤 |

●上のイラストでは「濃い」「うすい」といった意味を、副詞的な非手指標識で表現しています。顎を後ろに引いて（眉を上げずに）目を見開くことは、その様態が明瞭であることを、顎の位置を上にして目を細めることは、その様態が不明瞭であることを示します。

61

TOPIC 1

名前をたずねる

漢字と結びついている名前

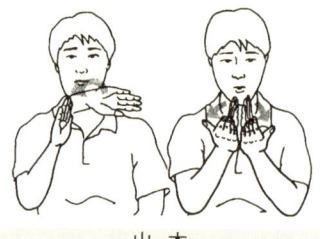

山 - 本

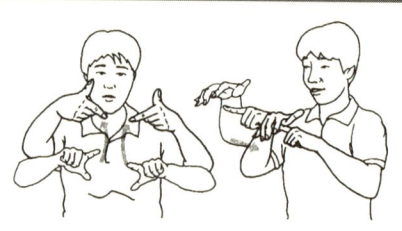

木 - 村

鈴木

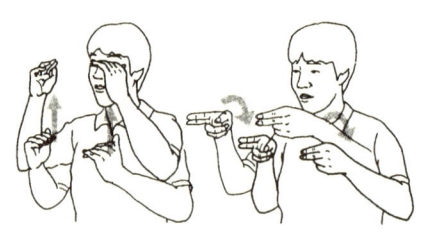

高 - 橋

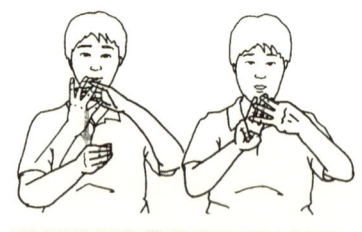

藤 - 田

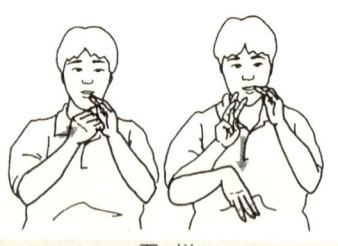

石 - 川

指文字（190-194ページ）を含む名前

伊（イ）- 藤

中根（ネ）

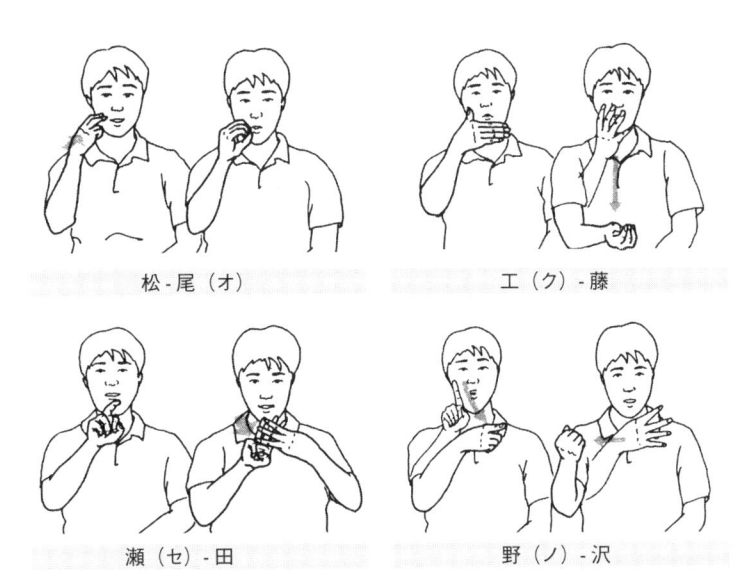

PART 2

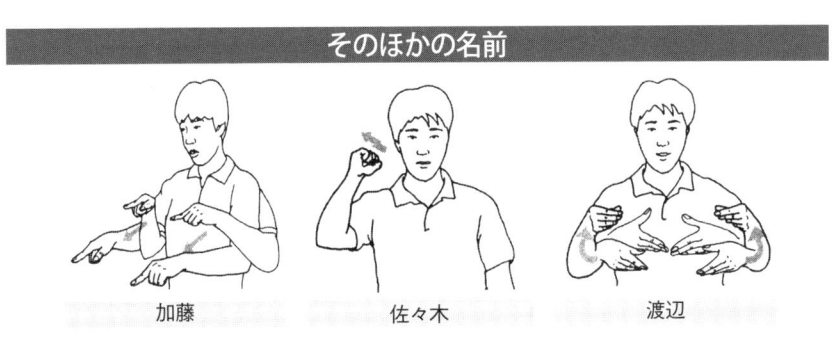

手話を実際に学んでみよう

松-尾（オ）　　　エ（ク）-藤

瀬（セ）-田　　　野（ノ）-沢

そのほかの名前

加藤　　　佐々木　　　渡辺

そのほか

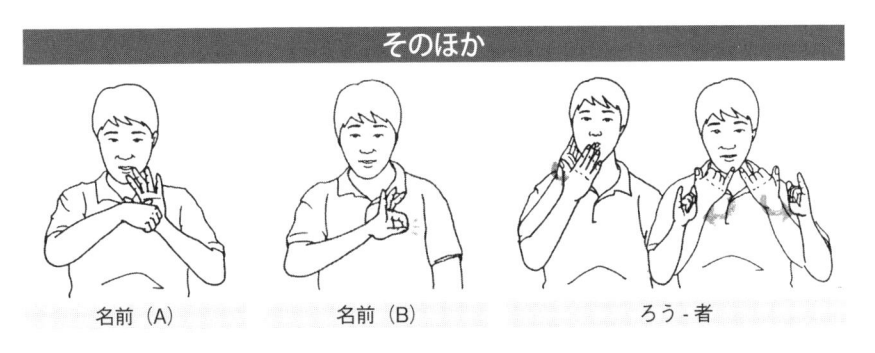

名前（A）　　　名前（B）　　　ろう-者

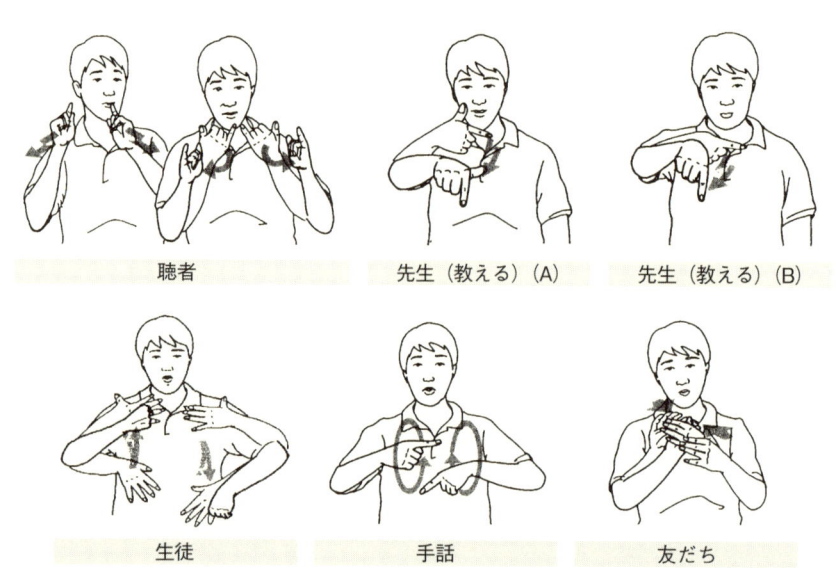

TOPIC 1

名前をたずねる

聴者　　　　　先生（教える）(A)　　　先生（教える）(B)

生徒　　　　　手話　　　　　友だち

あいさつ

はじめまして　　　よろしくお願いします　　　知っています

なるほど (A)　　　なるほど (B)

疑問詞

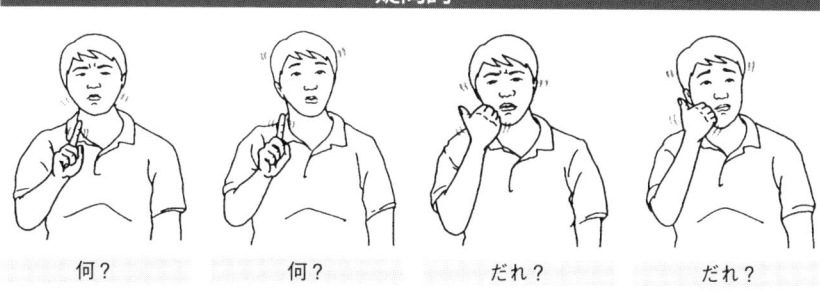

何？　　何？　　だれ？　　だれ？

Culture Notes ～サインネーム

　ろう者には、名前がふたつあります。ひとつは日本語で書かれた名前をそのまま手話にしたものです。改まった場所ではその正式な名前が使われますが、くだけた場では、サインネームと呼ばれるものが使われます。あだ名のようなものですが、サインネームは、その人の身体的特徴、印象に残るエピソード等から作られることが多く、一般的なあだ名とは少し違う特徴があります。おしゃれのつもりだったのに、＜爆発頭＞というサインネームをもらった手話学習者もいます。サインネームをもらえたら、ろう者の世界にぐっと近づいたということにもなるでしょう。

TOPIC 2
年齢をたずねる

・・・・・・・・・・・・・・ キーセンテンス ・・・・・・・・・・・・・・

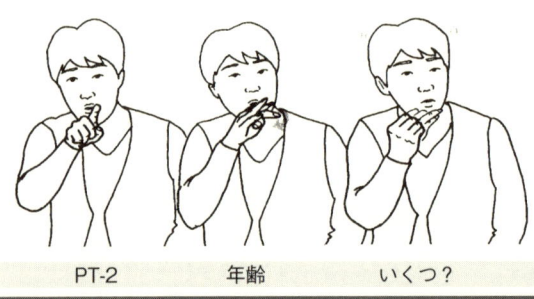

| PT-2 | 年齢 | いくつ？ |

おとしはおいくつですか？

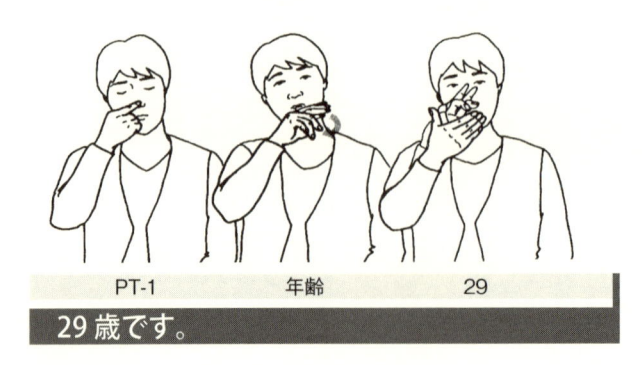

| PT-1 | 年齢 | 29 |

29歳です。

◇年齢をたずねる表現

　WH疑問文には専用の疑問詞がない場合があります。日本手話の場合、疑問詞は「何（どこ／どう）」「誰」「いつ」「なぜ」「いくつ」「どちら」などがありますが、方法をたずねる「どうやって」、金額をたずね

る「いくら」、時刻をたずねる「何時」、年齢をたずねる「何歳」などにあたる専用の疑問詞はありません。これらはそれぞれ「方法・何」「お金・いくつ」「時間・いくつ」「年齢・いくつ」という普通名詞と疑問詞の複合表現で表現されるか、疑問詞を用いずに普通名詞にWH疑問文の非手指標識を伴うことによって表現されます。

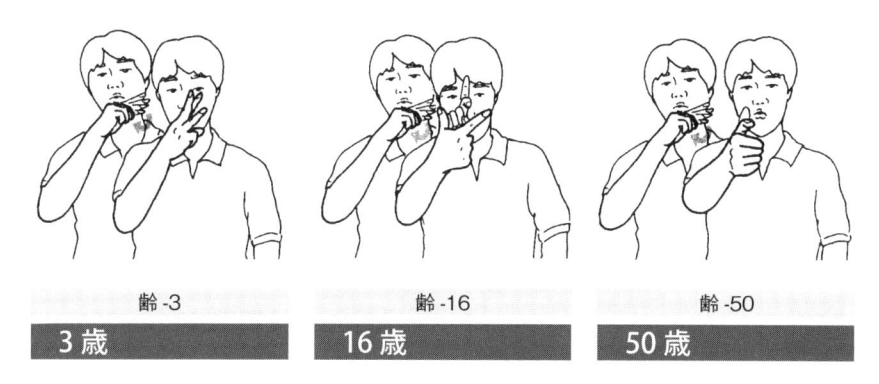

齢-3	齢-16	齢-50
3歳	16歳	50歳

◇**年齢の表現**

年齢の表現には、単位にあたる［年齢］という表現が数字の前に現れるという特徴があります。つまり、日本語の「29歳」にあたる表現は、「29・年齢」ではなく、「年齢・29」のようになります。

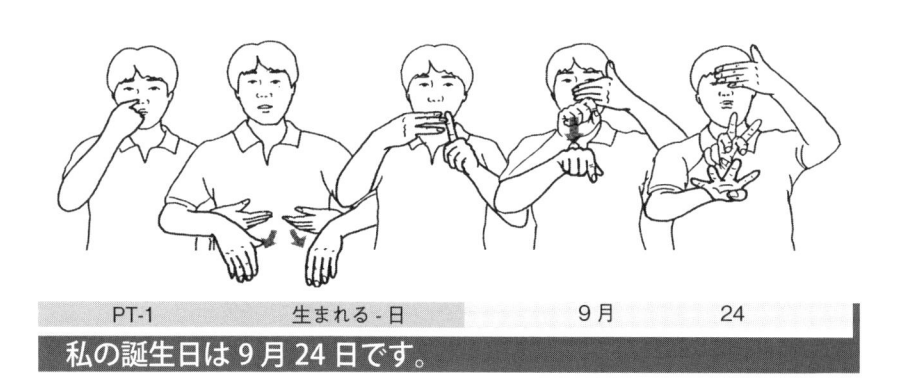

PT-1	生まれ-日	9月	24

私の誕生日は9月24日です。

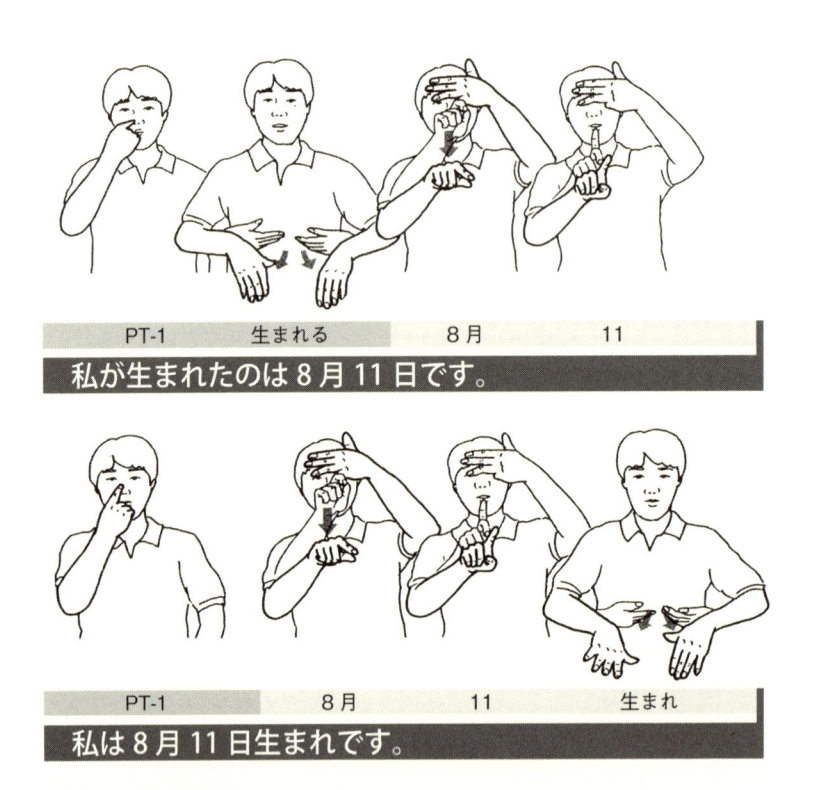

TOPIC 2

年齢をたずねる

| PT-1 | 生まれる | 8月 | 11 |

私が生まれたのは8月11日です。

| PT-1 | 8月 | 11 | 生まれ |

私は8月11日生まれです。

◇誕生日の表現

　誕生日の表現にはいくつかの方法があります。上の3つの文では、それぞれ、「私の誕生日は」「私が生まれたのは」「私は」にあたる部分が話題化されていますので、非手指標識が現れる位置に注意しましょう。

Culture Notes 〜話し手の顔を見る

　相手の話を見るとき、ろう者はけっして相手の手の動きを目で追ったりしてはいません。話し手の顔を見ているのです。手の動きは視野の中に入ってさえいれば大丈夫。目で追わなくても、単語は区別できるものなのです。また、正面でなければわからないというものでもありません。手話は、横から見ても十分に理解できるものなのです。

PART 2

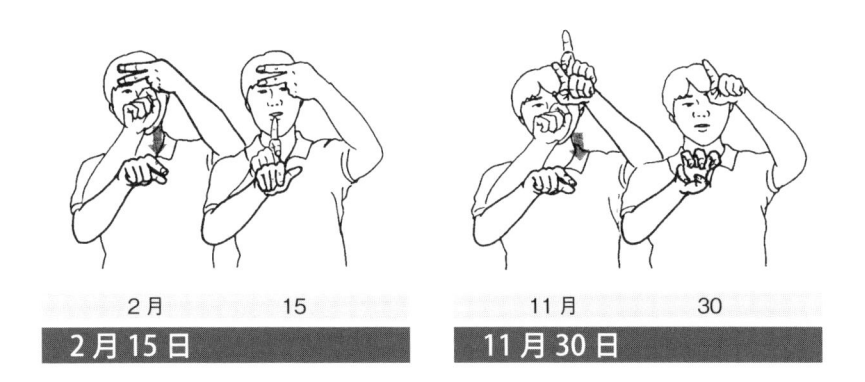

手話を実際に学んでみよう

2月　　　15
2月15日

11月　　　30
11月30日

◇月日の表現

手話では、CL構文以外では左手が独立した動きをすることはありませんが、月日や人数の表現は例外で、左手で数字を示し、右手が単位を表す、という方法がとられます。月日の表現の場合、単位が表されるのは「月」だけで、単位に続いて右手で表される「日」には単位がつきません。そのかわり、右手の動きが終わるまで左手の数字が保たれます。

Culture Notes ～どこのろう学校を出たの？

　ろう者は、初対面の相手に、年齢をたずねるだけでなく、結婚しているかどうかや、家族のことなどを聞いたりします。そして必ずたずねるのが、「どこのろう学校を卒業したか」ということです。そして、共通の友人を見つけ出しながら、互いの親密さを深めていくのです。これは、同じ世界の住人であることを確かめ合う作業だともいえます。ろう学校の先輩後輩を通したネットワークの緊密さは、聴者の人間関係にはなかなか見られないものかもしれません。

TOPIC 2

年齢をたずねる

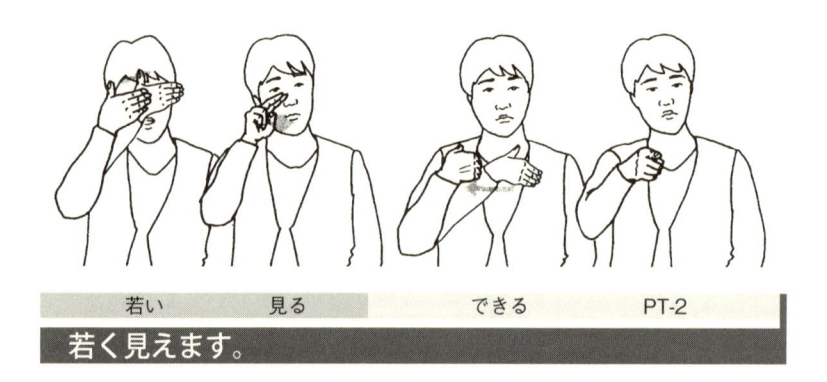

| 若い | 見る | できる | PT-2 |

若く見えます。

◇「～のように見える」

　[できる] は可能を表す助動詞として用いられています。ただし、この例文の場合はただの可能ではなく、「現実が予想と異なって見える」という意味であるため、「視覚以外のなんらかの知覚が存在すること」ことを表す目のふるまいも伴っています（☞p.41）。

| PT-1 | 手話 | 勉強 - 中 |

手話を習っています。

◇「～している」

　進行アスペクトを表す助動詞として [中] が用いられています。

PART 2

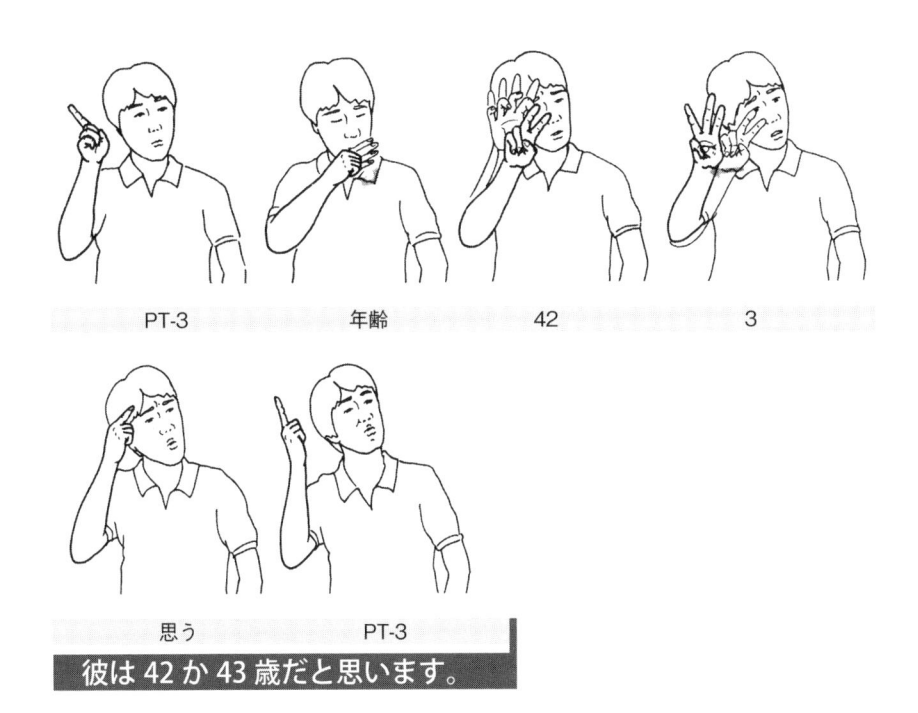

手話を実際に学んでみよう

PT-3　　　　年齢　　　　　42　　　　　　3

思う　　　　PT-3

彼は 42 か 43 歳だと思います。

◇「〜だと思う」

　［思う］には、「「彼は〜だ」と私は思う」という思考動詞としての用法のほかに、「おそらく彼は〜だ」という蓋然性を表す助動詞としての用法があります。上の例文は、文末の指さしが「そう思っている私」ではなく、「おそらくそうである彼」と一致していることから、後者の助動詞用法であることがわかります。なお、眉のひそめ方、首のかしげ方、視線のはずし方などによって、蓋然性の程度が表されます。

◇**数字を重ねる表現**

　数字が確かでない時に数字を重ねて表現する場合には、二つ目の数字の位置をわずかに外側にずらすようにします。

71

TOPIC 2　年齢をたずねる

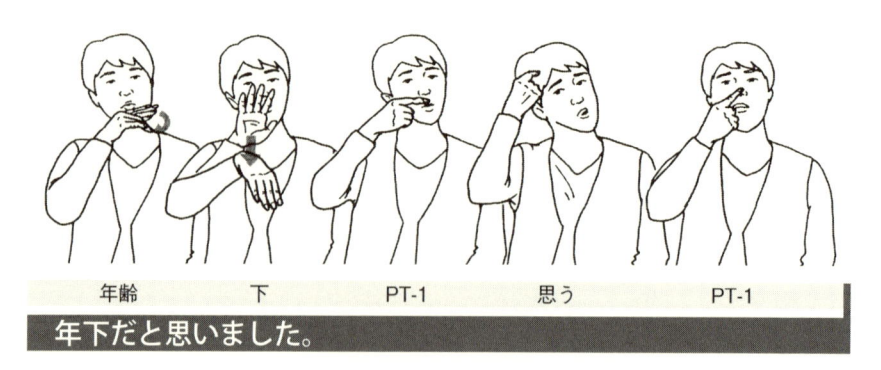

| 年齢 | 下 | PT-1 | 思う | PT-1 |

年下だと思いました。

◇「～だと思った」

「～だと思った」には、「～だと思ったが、やはりそうだった」という場合と、「～だと思ったが、実際はそうではなかった」という場合があり、手話では両者は顔の表情で区別されます。上の例文は、後者の意味ですので、「知覚の存在」を表す目のふるまいが伴います（☞ p.41）。

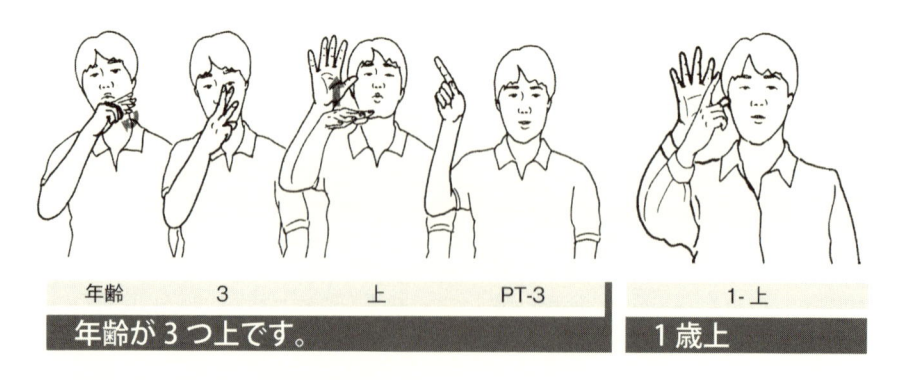

| 年齢 | 3 | 上 | PT-3 | | 1-上 |

年齢が3つ上です。　　**1歳上**

◇数字を含む表現の音変化

手話では意味的に強いつながりをもつ二つの語の連続が慣用化すると、一語になろうとする力が働きます。そして、ある条件を満たすと一体化して、一語のように表現されるようになります。その条件とは、「手の形の変化と向きの変化が同時におこる」というもので、これは「一つの語の中で手の形の変化と向きの変化は同時におこらない」という日本手

72

話のフローズン語彙にある制限を逆手にとった現象だといえます。「1歳上」など、数字とセットになった表現も音変化が生じて、イラストのように一体化してひとつの動作になる傾向があります。

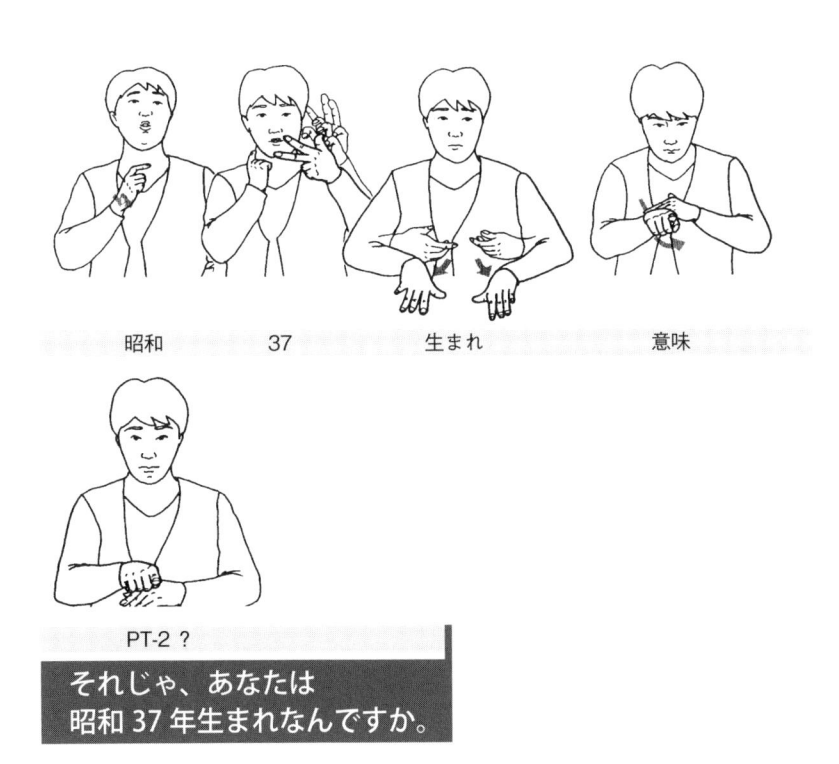

昭和　　　37　　　生まれ　　　意味

PT-2？
それじゃ、あなたは
昭和37年生まれなんですか。

◇［意味］の用法
　［意味］という語は、文末（文末の指さしがある場合はその前）に置かれて助動詞の一種として用いられることがあります。状況や文脈と直前の内容を結びつけて、補足説明、解釈、結論を述べる表現で、日本語のいわゆる「のだ文」や「〜ということ」に近い機能をもちます。「〜わけ」という日本語からの影響が感じられますが、口型は「イミ」と動く場合が多いようです。

TOPIC 2

年齢をたずねる

・・・・・・・・・・・・・・・・・・・・・・・ 会　話 ・・・・・・・・・・・・・・・・・・・・・・・

PT-1　　　　　手話　　　　　勉強 - 中

聴者　　　PT-1
私は手話を習っています。聴者です。

（呼びかけ）　　PT-2　　年齢　　いくつ？
あの、おいくつですか？

74

PART 2

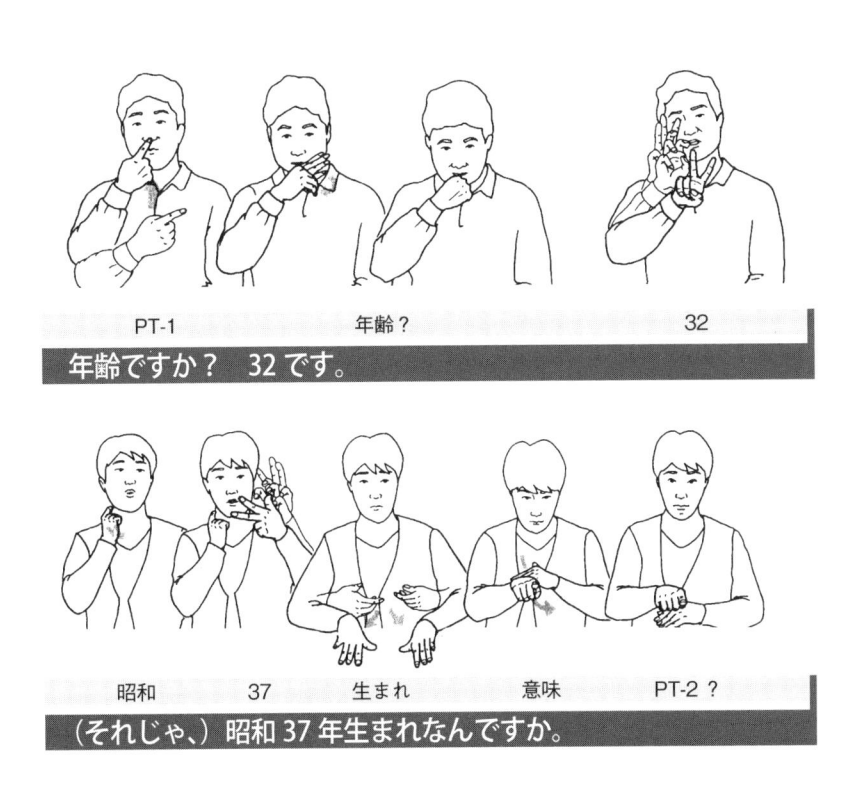

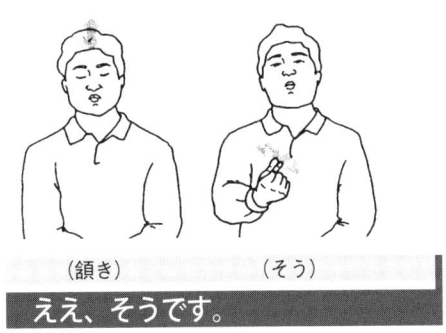

手話を実際に学んでみよう

PT-1　　　　　年齢？　　　　　　　32

年齢ですか？　32です。

昭和　　37　　生まれ　　意味　　PT-2？

(それじゃ、) 昭和37年生まれなんですか。

(頷き)　　(そう)

ええ、そうです。

● 1995年に出版された旧版に掲載された例文をそのまま用いています。

75

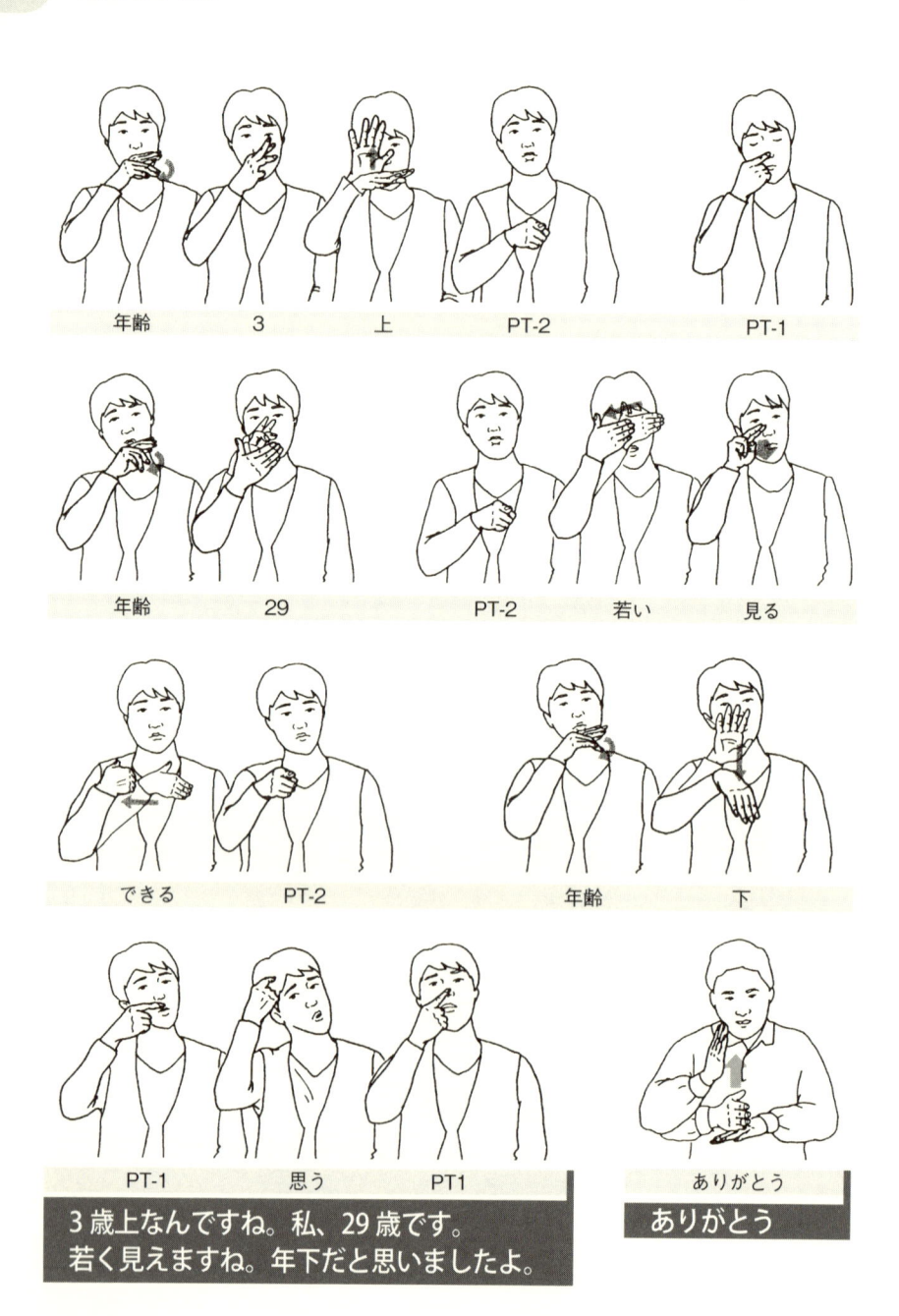

TOPIC 2

年齢をたずねる

| 年齢 | 3 | 上 | PT-2 | PT-1 |

| 年齢 | 29 | PT-2 | 若い | 見る |

| できる | PT-2 | 年齢 | 下 |

| PT-1 | 思う | PT1 | ありがとう |

ありがとう

3歳上なんですね。私、29歳です。
若く見えますね。年下だと思いましたよ。

PART 2

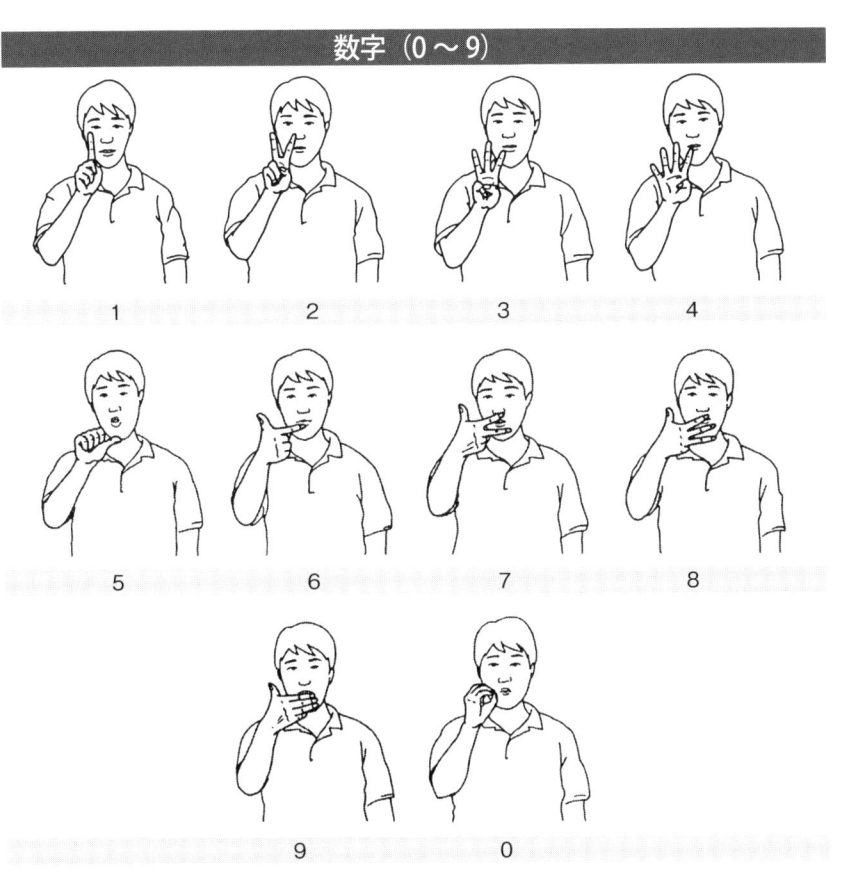

手話を実際に学んでみよう

ボキャブラリー

数字（0～9）

1	2	3	4
5	6	7	8
9	0

数字（10～90）

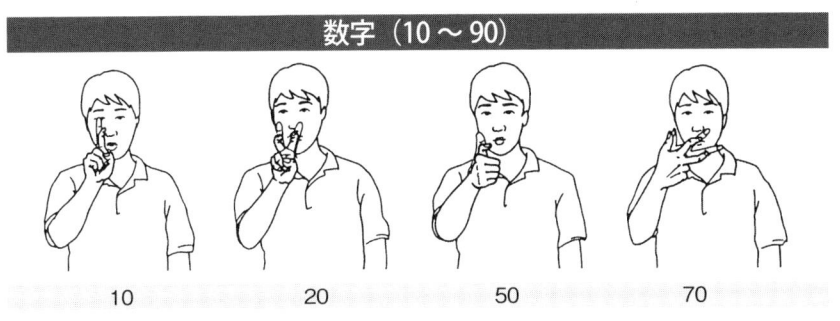

| 10 | 20 | 50 | 70 |

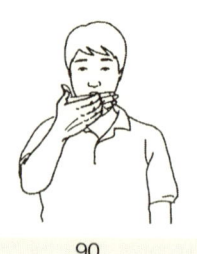

TOPIC 2

年齢をたずねる

90

数字（11～19）

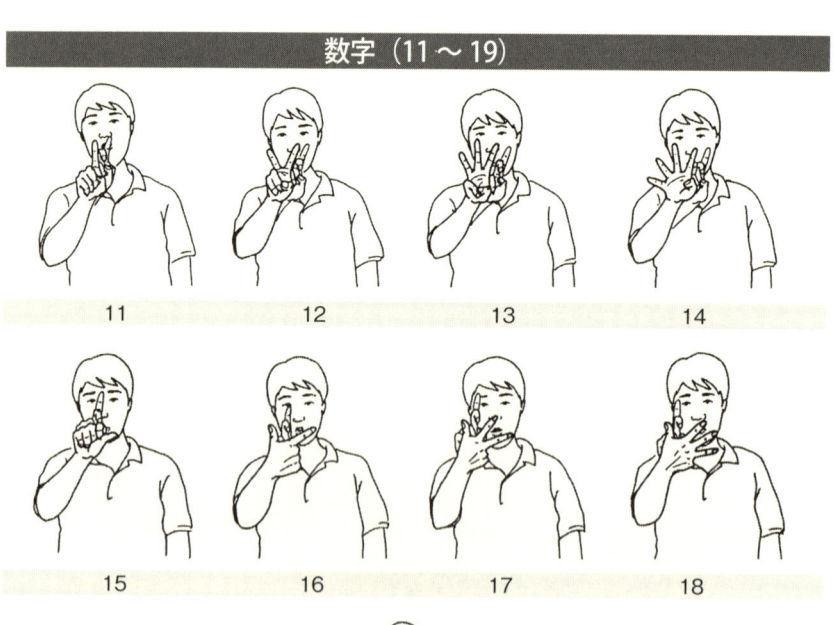

11　12　13　14

15　16　17　18

19

PART 2

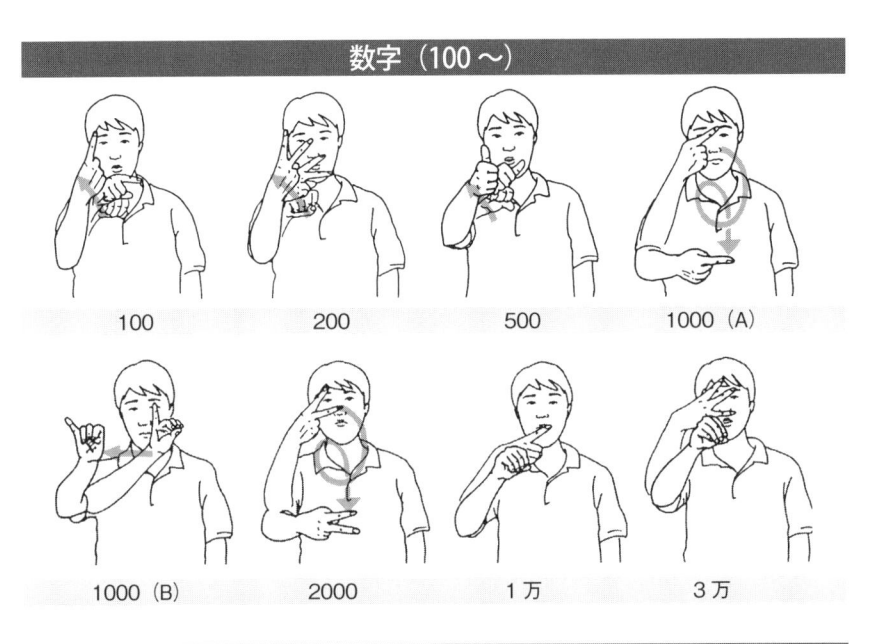

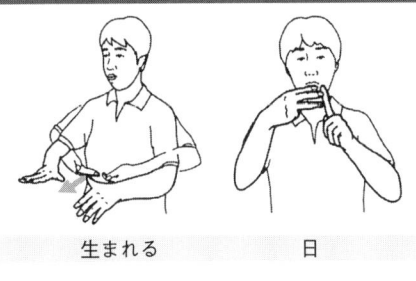

手話を実際に学んでみよう

数字（100〜）

| 100 | 200 | 500 | 1000（A） |

| 1000（B） | 2000 | 1万 | 3万 |

誕生日

生まれる　　日

あいさつ

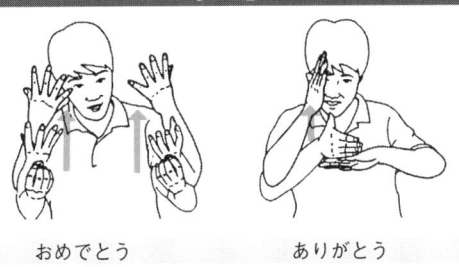

おめでとう　　ありがとう

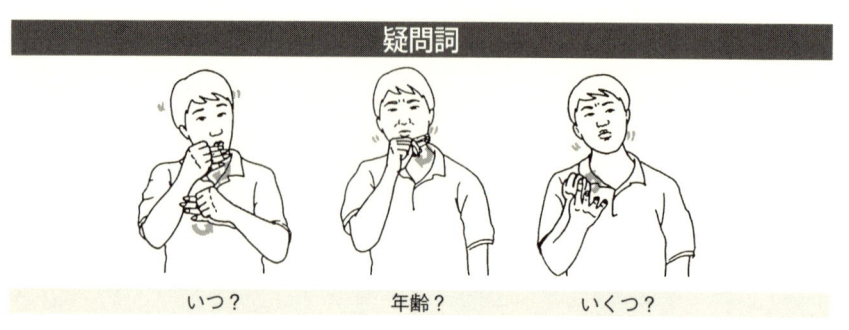

TOPIC 2

年齢をたずねる

そのほか

| 若い | 年とった（ふけた） | 一見える |

| ○歳上 | ○歳下 | 年-上 |

| 年-下 | 同い年 | 中 |

疑問詞

| いつ？ | 年齢？ | いくつ？ |

TOPIC 3

家族の紹介

·············· キーセンテンス ··············

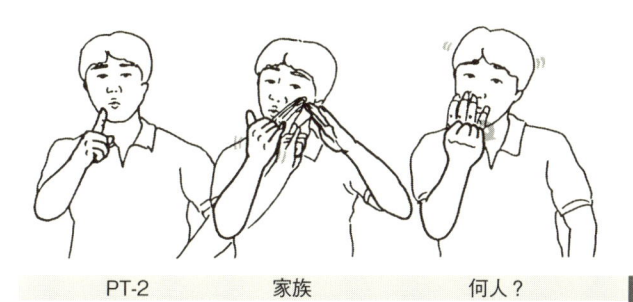

| PT-2 | 家族 | 何人？ |

家族は何人ですか？

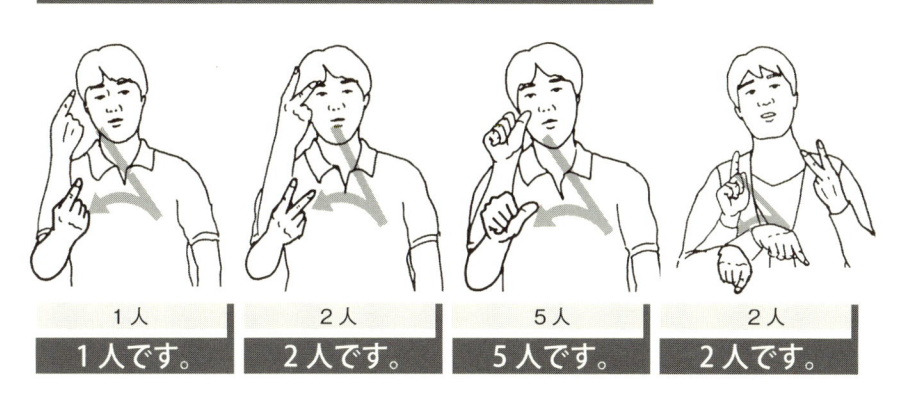

| 1人 | 2人 | 5人 | 2人 |
| 1人です。 | 2人です。 | 5人です。 | 2人です。 |

◇**人数の表現**

　人数の表現には、月日の表現と同じように左手で数字を提示し右手で単位を表現する方法（上右の図）のほか、数字に単位を表す動きを組み込んだ右手だけの表現があります。

81

TOPIC 3

家族の紹介

| PT-1 | 家族 | 両親 | PT-1 |

| 弟 | 4人 |

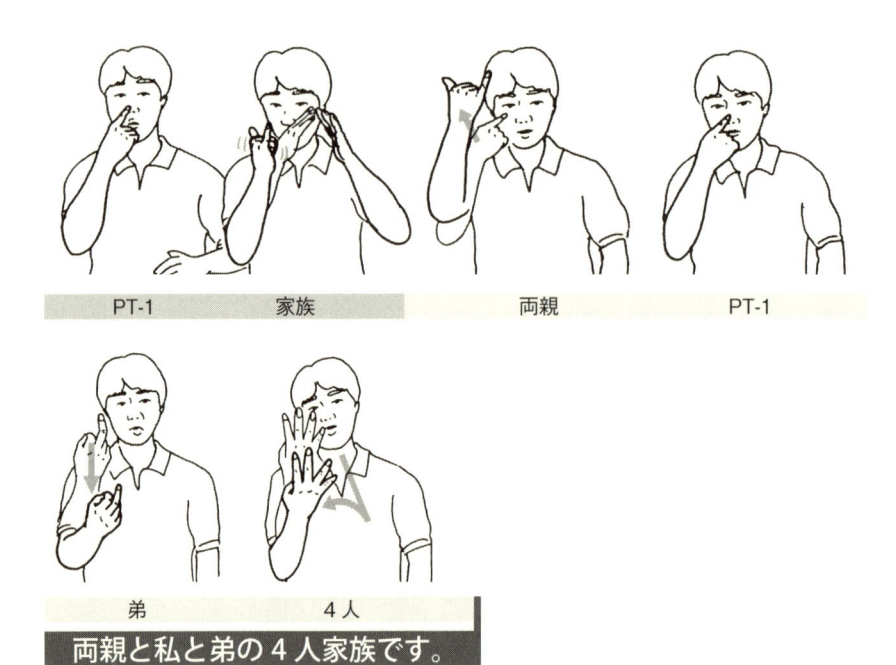

両親と私と弟の4人家族です。

◇**名詞の並列**

　名詞の並列（日本語の「〜と〜」にあたる表現）では、ひとつひとつの名詞ごとに特定の頭の動きが伴います。上の例文では「頷き」が用いられていますが、場面によっては「移動」を使うこともあります。特定の頭の動きが伴わなければ、名詞の連続は修飾関係（日本語の「〜の〜」にあたる）を示しますので、注意しましょう。なお、上の文では、[PT-1・家族] が話題化されています。

Culture Notes 〜国際結婚

　ろう者は結婚相手に同じろう者を選ぶことが圧倒的に多いのです。聴者とは、言語も文化も違っているからでしょう。もちろん、聴者と結婚するろう者もいますが、それはある意味で、国際結婚のようなものだといえるかもしれません。

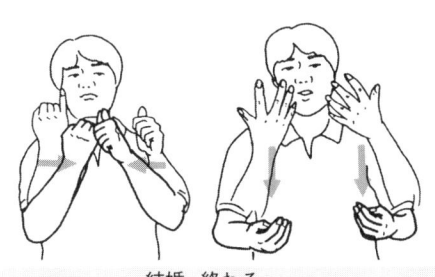

PART 2

手話を実際に学んでみよう

結婚 - 終わる
結婚しています

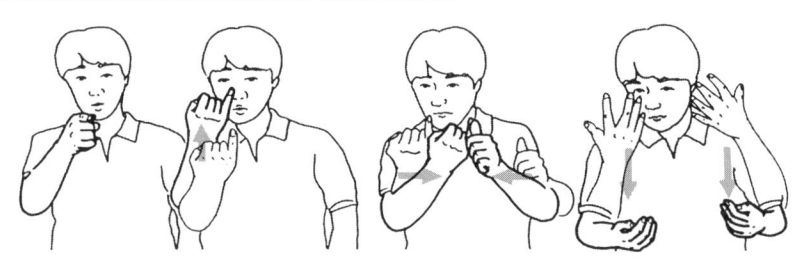

PT-2　　姉　　　　　　結婚 - 終わる？
あなたのお姉さんは結婚していますか？

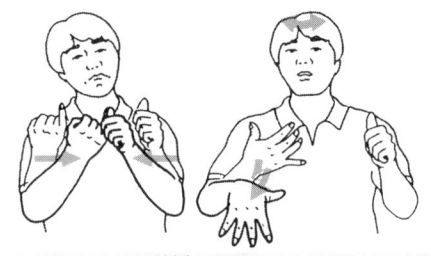

結婚 - まだ
結婚していません。

◇完了と未完了

　［終わる］と［まだ］はそれぞれ完了と未完了・未実現の助動詞です。前者については、持続や反復の意味をもつ動詞（［食べる］など）についた場合には、日本語の「〜した」に相当しますが、［結婚する］のように瞬間の意味をもつ動詞についた場合は、日本語の「〜している」にあ

83

TOPIC 3

家族の紹介

たるような結果状態の継続という解釈になる場合があります。後者については、［まだ］というラベルを便宜的につけていますが、日本手話では日本語のような副詞ではなく助動詞なので動詞の後ろに置かれます（［結婚・まだ］）。また、日本語の「まだ〜していない」のようにその実現が期待されるというような含意はなく、上の例文の訳文にあるように、単に「結婚していません」という意味になります。

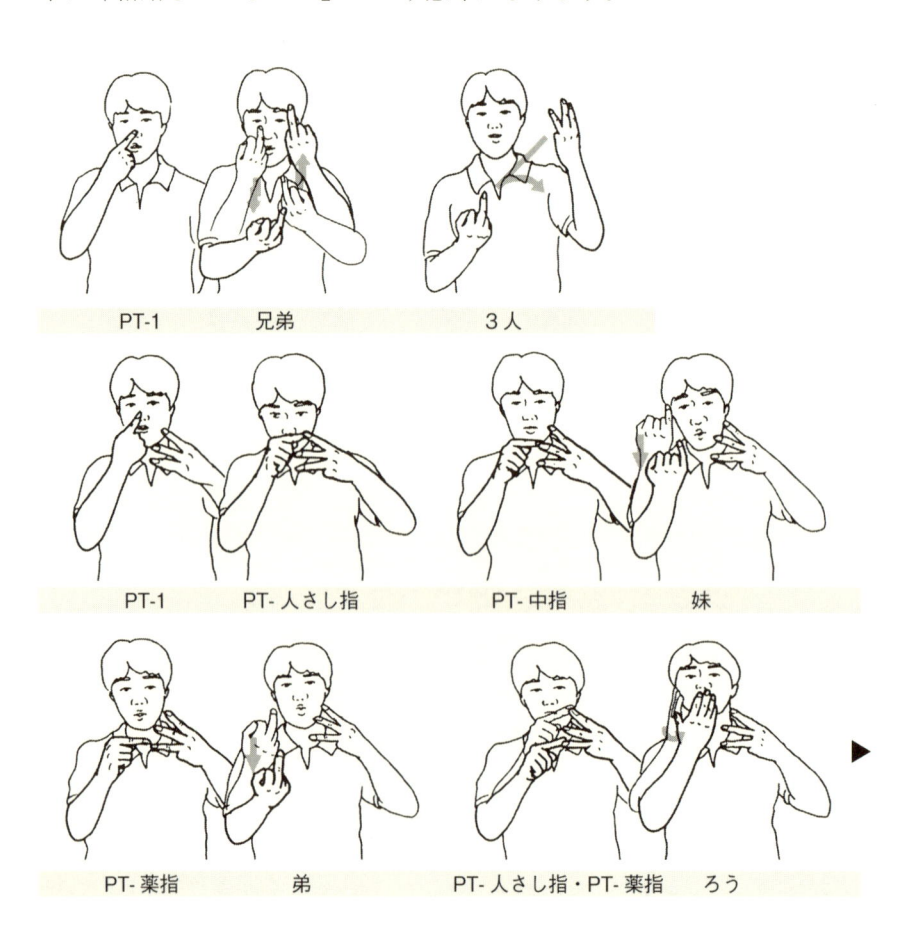

PT-1	兄弟	3人

PT-1	PT-人さし指	PT-中指	妹

PT-薬指	弟	PT-人さし指・PT-薬指	ろう

PART 2

手話を実際に学んでみよう

PT-中指　　聴者

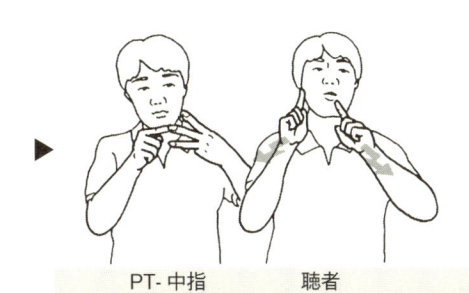

私の兄弟は3人。私は一番上で、すぐ下が妹、一番下が弟です。私と弟がろうで、妹は聴者です。

◇左手の代名詞

　左手で示した数字の立てた指は、右手で指さしたりつまんだりすることで、「一番目、二番目…」という代名詞のような役割を果たします。

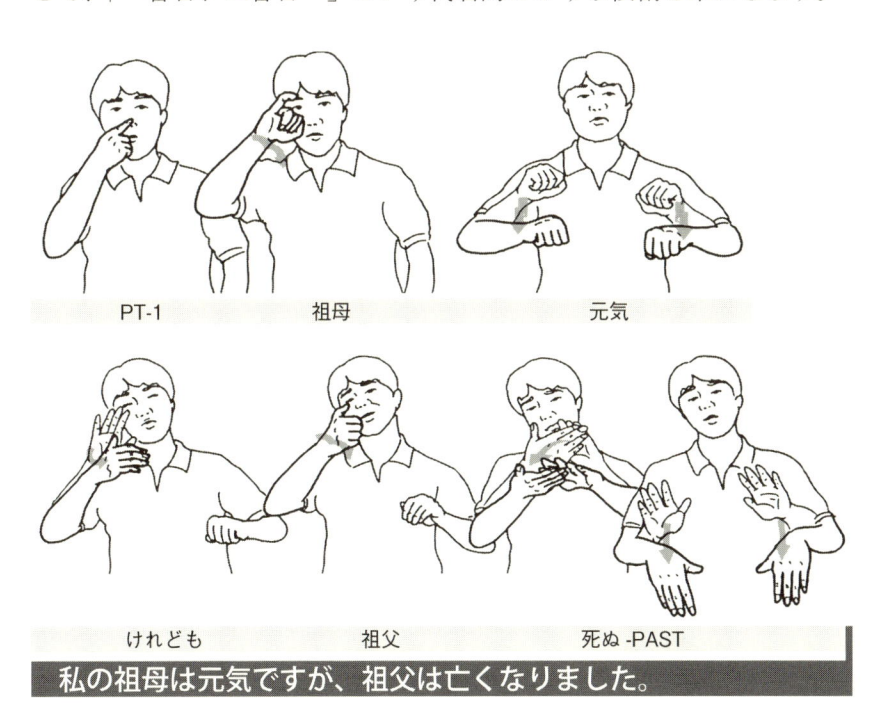

PT-1　　祖母　　元気

けれども　　祖父　　死ぬ -PAST

私の祖母は元気ですが、祖父は亡くなりました。

85

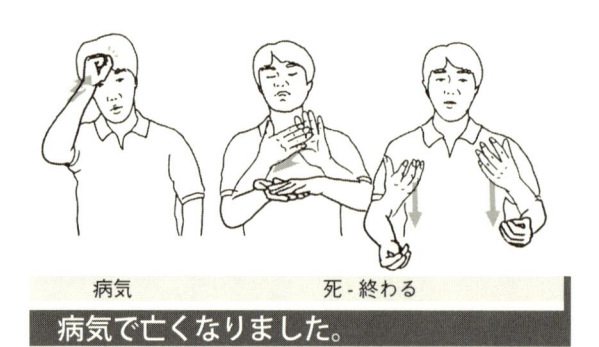

TOPIC 3　家族の紹介

　　　病気　　　　　死 - 終わる
病気で亡くなりました。

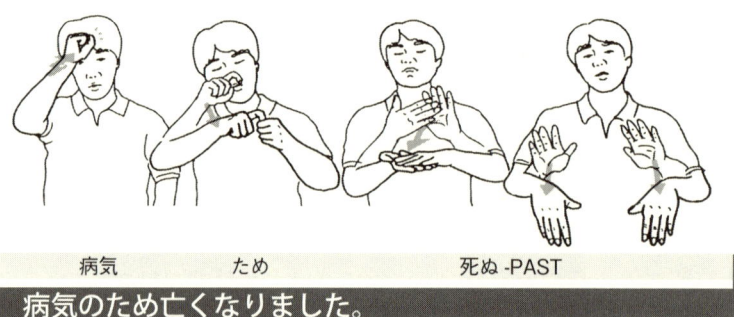

　　病気　　　ため　　　　　死ぬ -PAST
病気のため亡くなりました。

◇原因／目的の表現

　上の文の［病気］や、上の文の［病気・ため］の［ため］の部分には、頷きが伴います。それによって原因という意味解釈が生じます。

◇過去と完了

　［終わる］が完了アスペクトの助動詞であるのに対して、［PAST］は過去時制（テンス）の助動詞です。日本語に訳すと、どちらも「～しました」になってしまいますが、過去時制は「たしかにそのような出来事が過去のある時点で起こった」という意味で用いられます。

PART 2

手話を実際に学んでみよう

子ども　　　　いる？
お子さんはいらっしゃいますか？

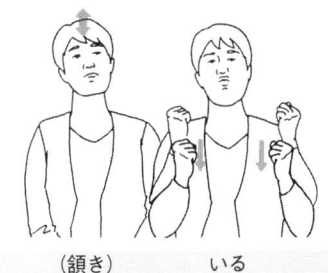

（頷き）　　いる
ええ、います。

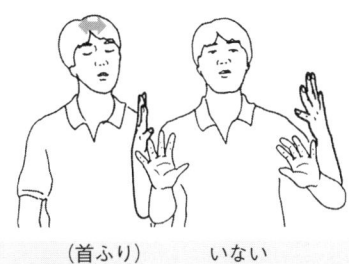

（首ふり）　　いない
いいえ、いません。

家　　　いっしょ
同居しています。

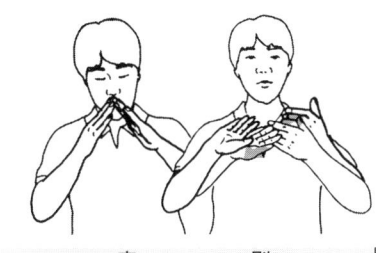

家　　　別
別居しています。

Culture Notes ～ろう者の中のろう者

　ろうの夫婦のもとに生まれたろうの子どもは、まさに「ろう者の中のろう者」といえるかもしれません。彼らは、聴者と同じように、自分たちの言語と文化を、家庭の中で親から学ぶことができるのです。

87

TOPIC 3　家族の紹介

―――――――――――――― 会　話 ――――――――――――――

子ども　　　　　　いる？
お子さんはいらっしゃいますか？

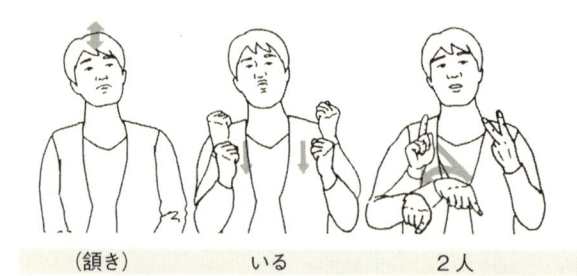

（頷き）　　　　いる　　　　　　2人
ええ、います。2人です。

ろう者？　　　　　聴者？
ろう者ですか？　それとも聴者ですか？

88

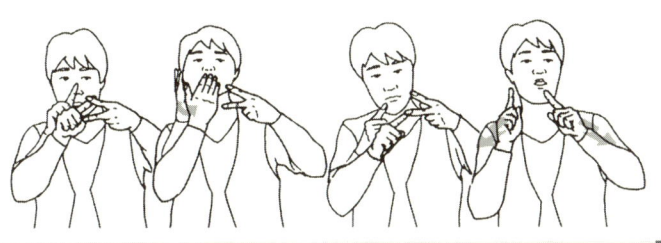

PART 2

手話を実際に学んでみよう

PT-人さし指　ろう者　PT-中指　聴者

上の子がろう者で下の子が聴者です。

祖父　祖母　いっしょ　生活　PT-2？

おじいさんおばあさんと同居されているのですか？

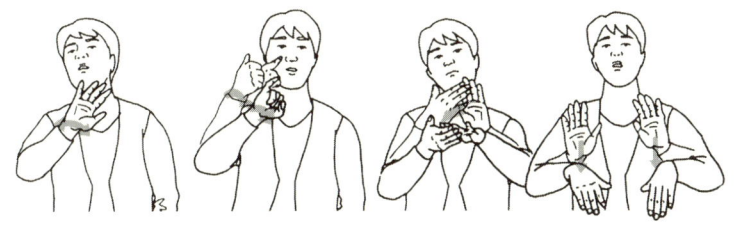

（いいえ）　祖父母　死ぬ-PAST

いいえ、祖父も祖母も亡くなりました。

Culture Notes 〜コーダ

　ろう者同士の夫婦であっても、多くの場合、生まれる子どもは耳が聞こえます。ろうの親のもとに生まれた耳の聞こえる子どもたちは、家庭の中で手話とろう文化を学び、地域社会や学校の中で音声言語と聴者文化を学びます。2つの言語と2つの文化をもつ彼らは、アメリカではコーダ（coda：children of deaf adults）と呼ばれ、手話通訳やろう学校教師など、ろう者に関わる分野で活躍している人がたくさんいます。日本でも、この分野で活躍するコーダがようやく現われてきました。日本でもやっとコーダのもつ能力と役割が評価されてきたということでしょうか。

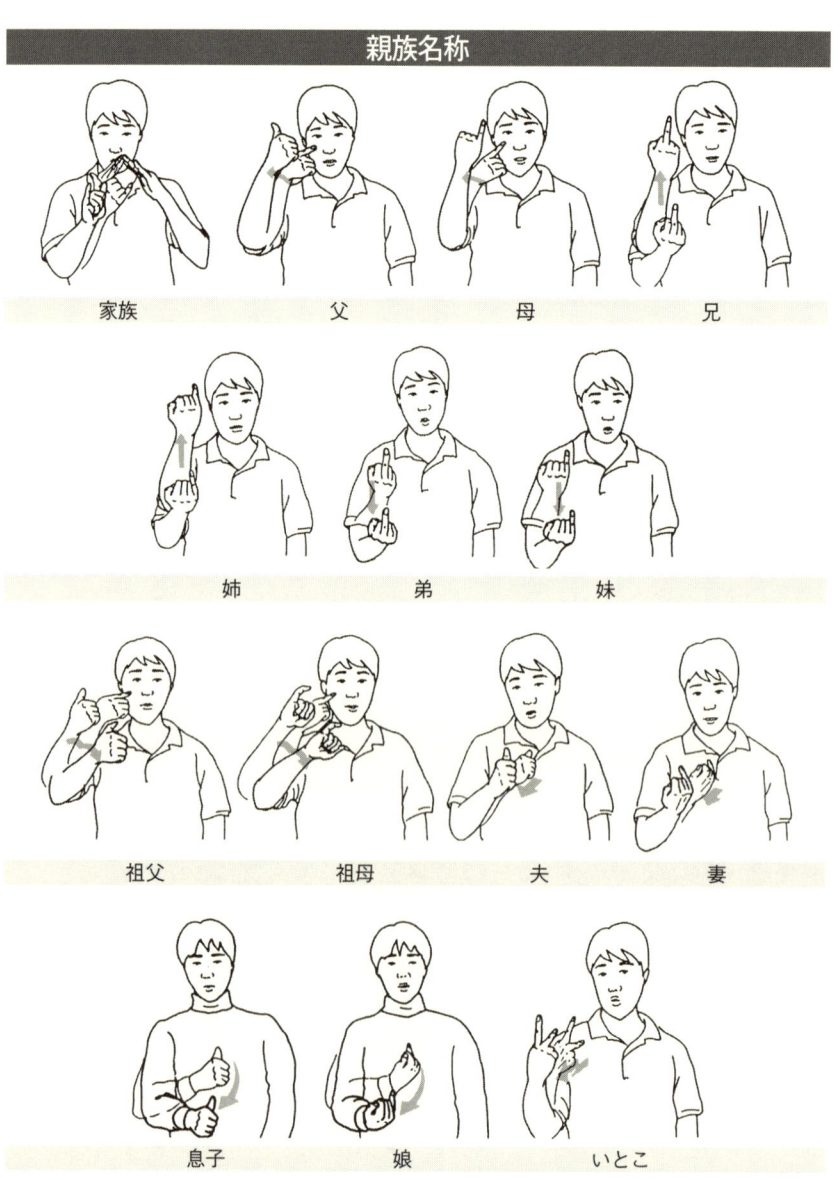

TOPIC 3

家族の紹介

ボキャブラリー

親族名称

| 家族 | 父 | 母 | 兄 |

| 姉 | 弟 | 妹 |

| 祖父 | 祖母 | 夫 | 妻 |

| 息子 | 娘 | いとこ |

そのほか

親せき（A）　　親せき（B）　　兄弟　　姉妹

結婚する　　離婚する　　友人／友だち　　親友

元気　　死ぬ　　病気

同居（家 - いっしょ）　　別居（家 - 別）

TOPIC 4

出身地

······ キーセンテンス ······

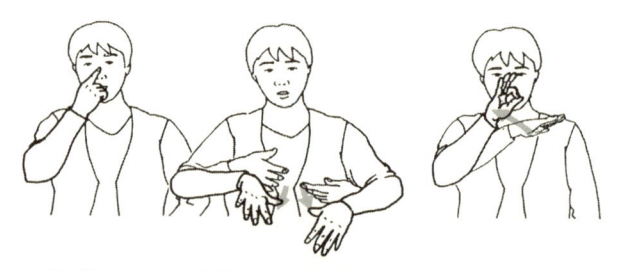

| PT-1 | 生まれ | 山口 |

私は山口生まれです。

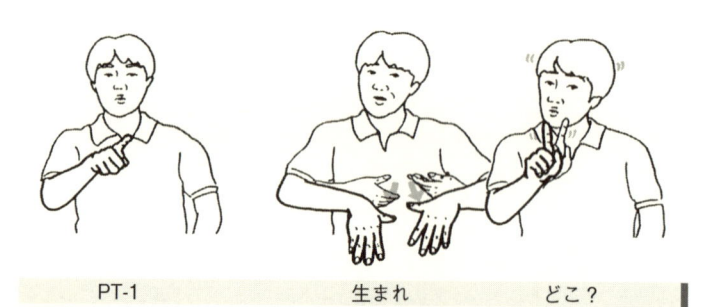

| PT-1 | 生まれ | どこ？ |

（あなたの）お生まれはどちらですか？

手話を実際に学んでみよう

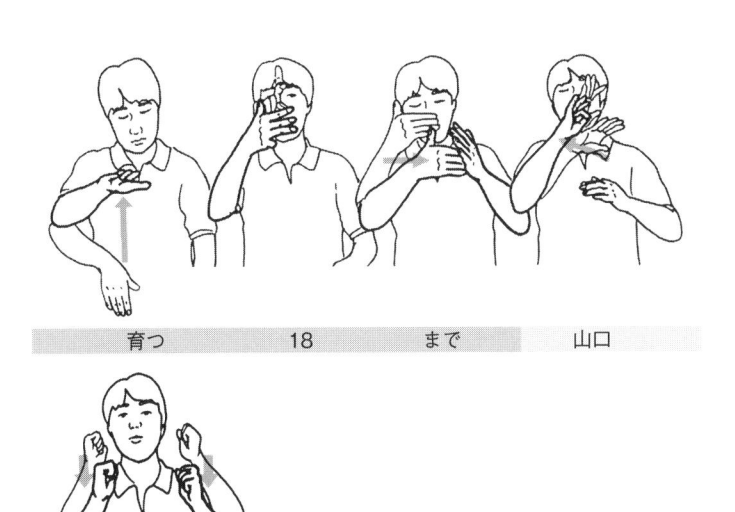

| 育つ | 18 | まで | 山口 |

いた
18歳までずっと、山口に住んでいました。

◇いる／住んでいる

　［いる］は単独で「住んでいる」という意味ももちます。

◇［育つ］の用法

　上の文で「育つ」は、［小さいころからずっと］にあたる副詞として用いられています。

Culture Notes ～どうやって起きる？

　目覚まし時計のベルの音が聞こえないろう者は、朝どうやって起きるのでしょうか。いまは振動式の目覚まし時計や携帯電話（タイマー付）がありますが、なくても自然に起きられるという人もいます。今のように便利な機器がなかった時代、自然に起きられないろう者は、雨戸を開けたまま寝たり、タイマーを使って扇風機を回すなどの工夫をしていました。

TOPIC 4

出身地

| PT-1 | 19 | まで | 山口 |

| いる | 20 | から | 東京 |

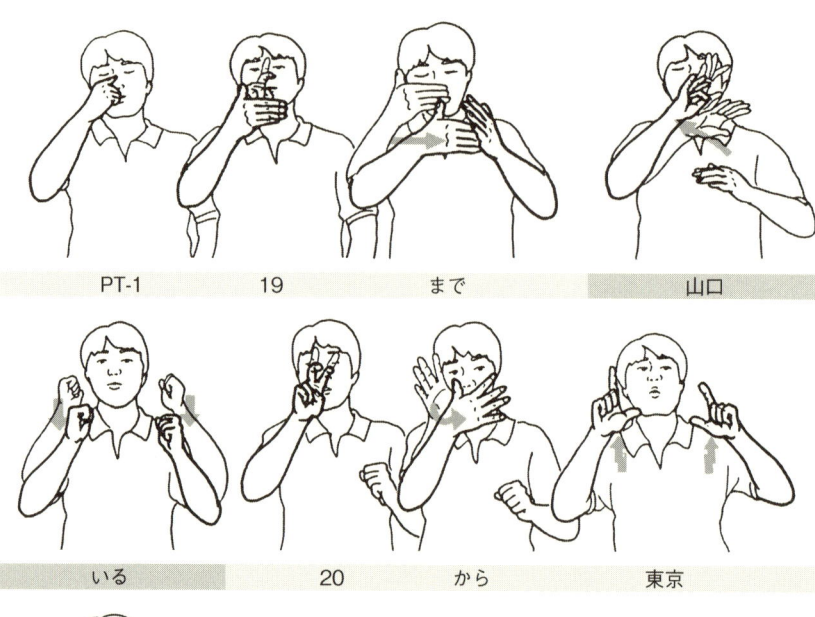

PT-1

19歳まで山口にいて、20歳から東京に住んでいます。

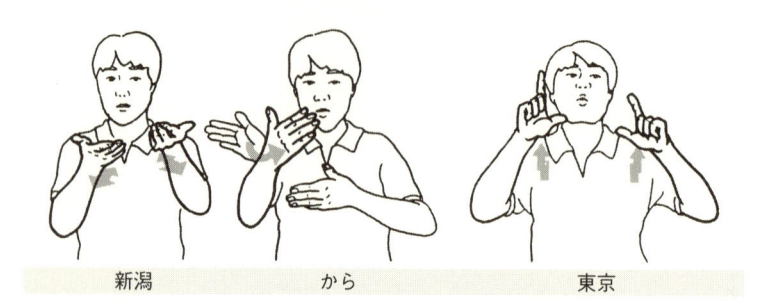

| 新潟 | から | 東京 |

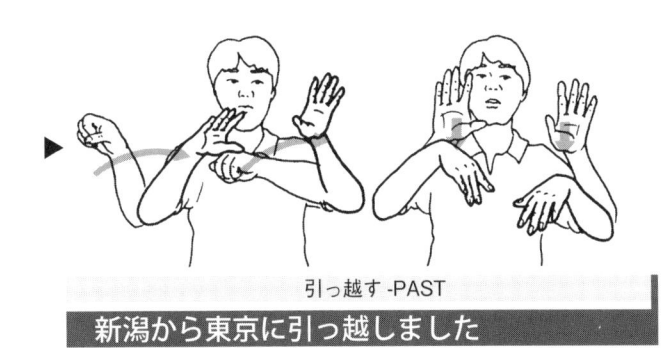

引っ越す -PAST

新潟から東京に引っ越しました

◇期間や起点／終点の表現

日本手話には、日本語の「が」「を」「に」「で」などにあたるいわゆる格助詞はありませんが、起点や終点を表す「〜から」や「〜まで」にあたる後置詞はあり、名詞や数字の後ろに置かれます。

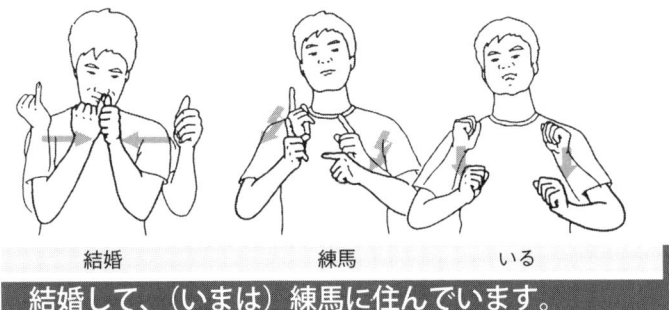

結婚　　　練馬　　　いる

結婚して、(いまは) 練馬に住んでいます。

◇時間的順序（1）

節と節の接続が、出来事の順序をそのまま表している場合には、接続部には「頷き」を伴います。

TOPIC 4

出身地

京都　　　　　　来る　　　　　いつ？
京都にはいつ来たのですか？

京都　　　　　　来る　　　　　目的

仕事　　　　　目的
京都には、仕事のために来ました。

◇**分裂文**

　理由を焦点化した「京都に来たのは何のためかというと、仕事のためです」という構造をもつ分裂文です。ひとつめの［目的］の位置に、頭の動き［移動］が伴います。

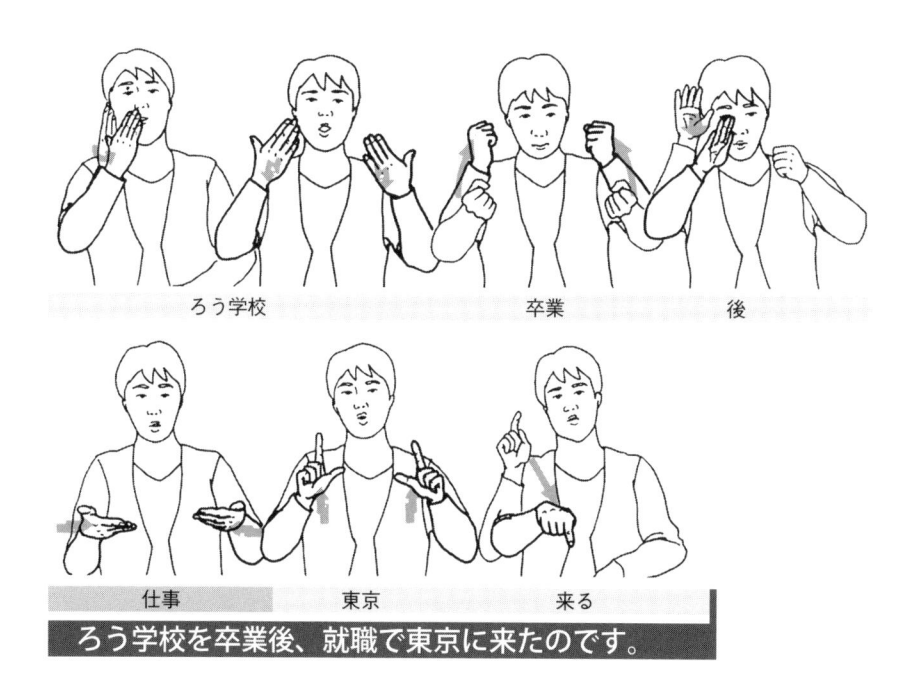

手話を実際に学んでみよう

ろう学校　　　　　　　　　　卒業　　　　　後

仕事　　　　　東京　　　　　来る

ろう学校を卒業後、就職で東京に来たのです。

◇時間的順序（2）

　出来事の順序を表わすのに、［後］にあたる単語を用いることもできます。接続の「頷き」が［後］と同時におこります。［仕事］にも「頷き」が伴いますが、これは理由の表現です。

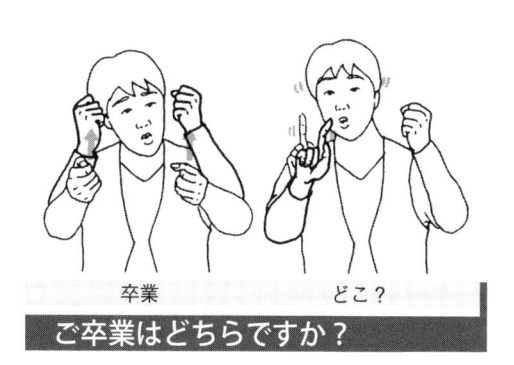

卒業　　　　　どこ？

ご卒業はどちらですか？

97

TOPIC 4 出身地

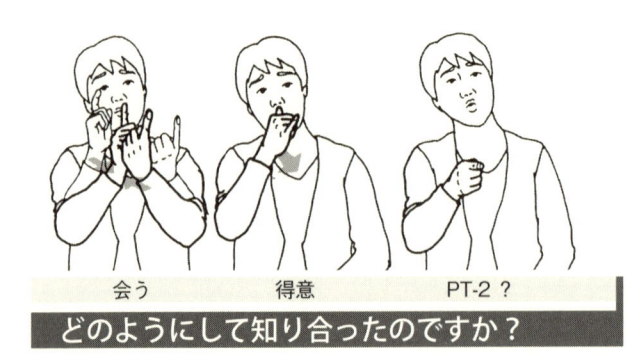

　　　　会う　　　　　得意　　　　　PT-2？
どのようにして知り合ったのですか？

◇［得意］の用法（1）

　［得意］という語には「思いのほかよくできる」という意味があり、それが転じて、「どうしてそのようなことが起こったのか？」という意味になります。

　　　　今度　　　　　紹介　　　　　お願いする
今度紹介してください。

◇依頼の表現

　動詞に続いて［お願いする］という単語を表現することによって、依頼の表現になります。［お願いする］と同時に軽く頭を下げます。

PART 2

手話を実際に学んでみよう

会 話

PT-1	生まれ	山口	育つ
18歳	まで	いた	ろう
学校	卒業	後	仕事
東京	来る	PT-2？	

私は山口生まれで、18歳までそこにいました。
ろう学校を卒業後、就職で東京に来たのです。あなたは？

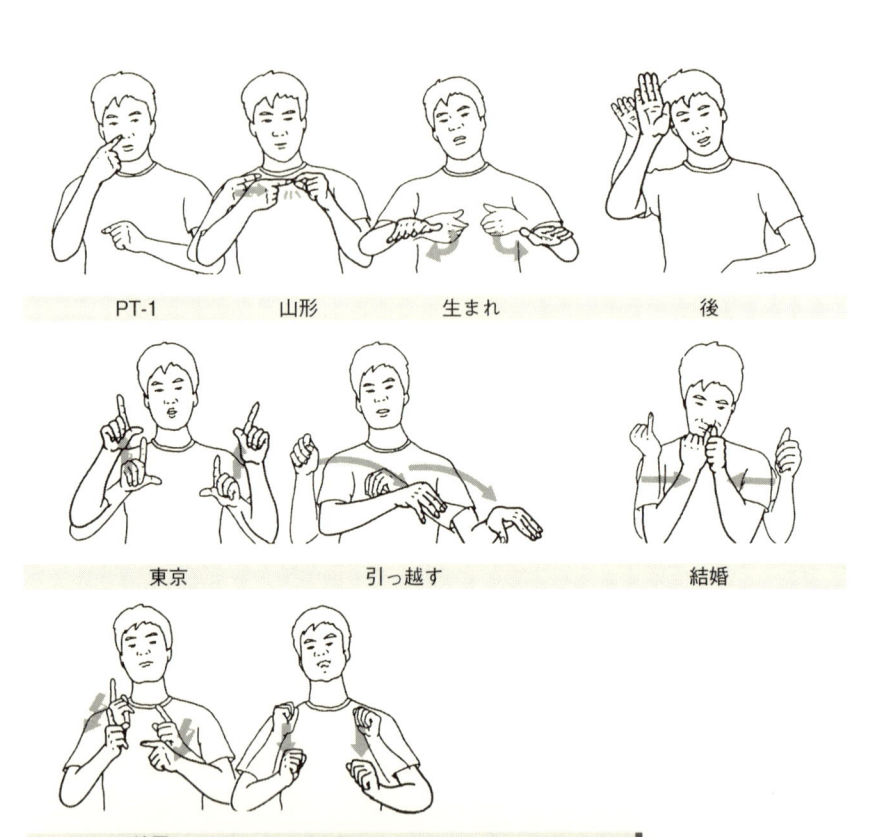

TOPIC 4 出身地

PT-1　　山形　　生まれ　　　　後

東京　　　引っ越す　　　　結婚

練馬　　いる

私は山形生まれで、その後東京に転居しました。結婚して、練馬に住んでいます。

Culture Notes 〜校名の変更

盲学校、聾学校、養護学校といわれていた特殊教育学校が、包括して「特別支援学校」と校名を変更したのが 2007 年です。聾学校は、デフ・コミュニティのひとつであり、母校に愛着心をもっている卒業生がこぞって反対しましたが、時代の流れには逆らえなかったということでしょうか。なお、聴覚障害を対象にした特別支援学校は全国に 91 校あります。

PART 2

手話を実際に学んでみよう

なるほど　　　　東京　　　　来る　　　　目的

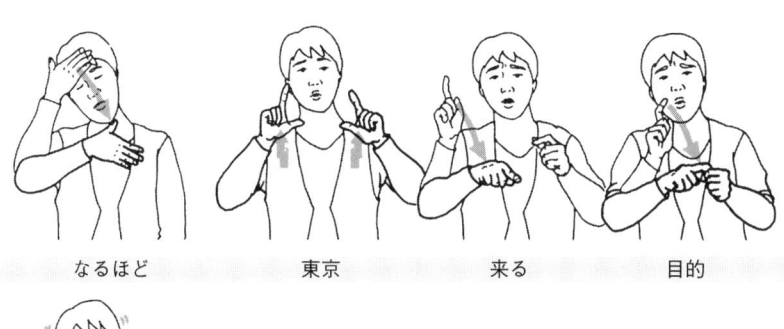

何？

そうですか。それで東京に来られたのは
どのようなことで？

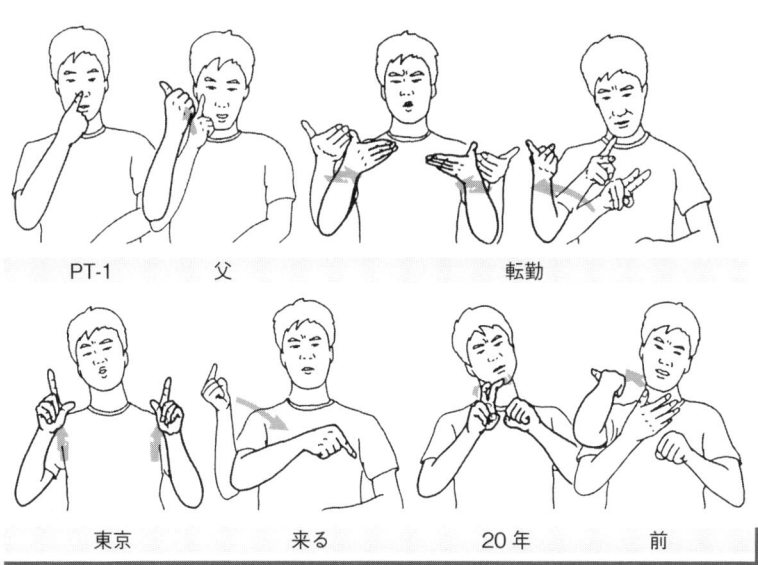

PT-1　　　父　　　　　　　転勤

東京　　　来る　　　20年　　前

父の転勤で東京に来たのです。20年前のことですが。

101

TOPIC 4 　出身地

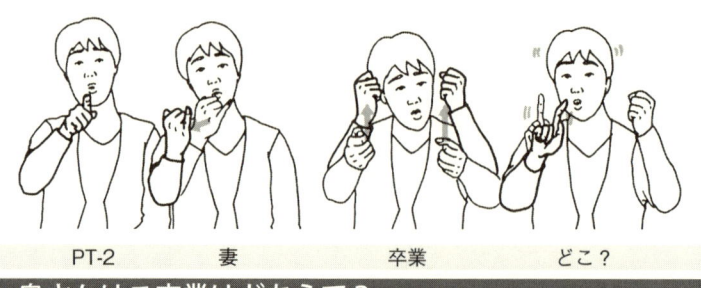

| PT-2 | 妻 | 卒業 | どこ？ |

奥さんはご卒業はどちらで？

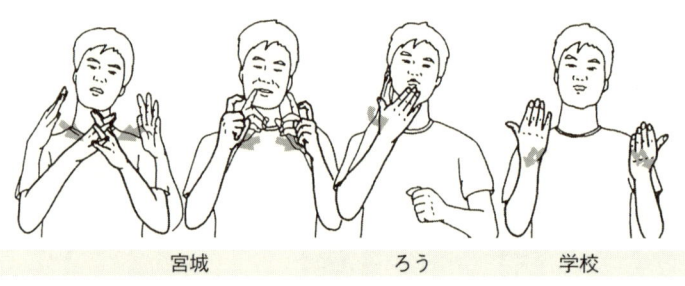

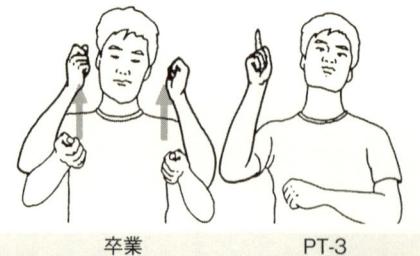

| 宮城 | | ろう | 学校 |

| 卒業 | PT-3 |

宮城聾学校を出ています。

PART 2

手話を実際に学んでみよう

PT-2　妻　仙台　生まれ　意味？

なるほど　PT-2　妻　会う　得意

PT-2？

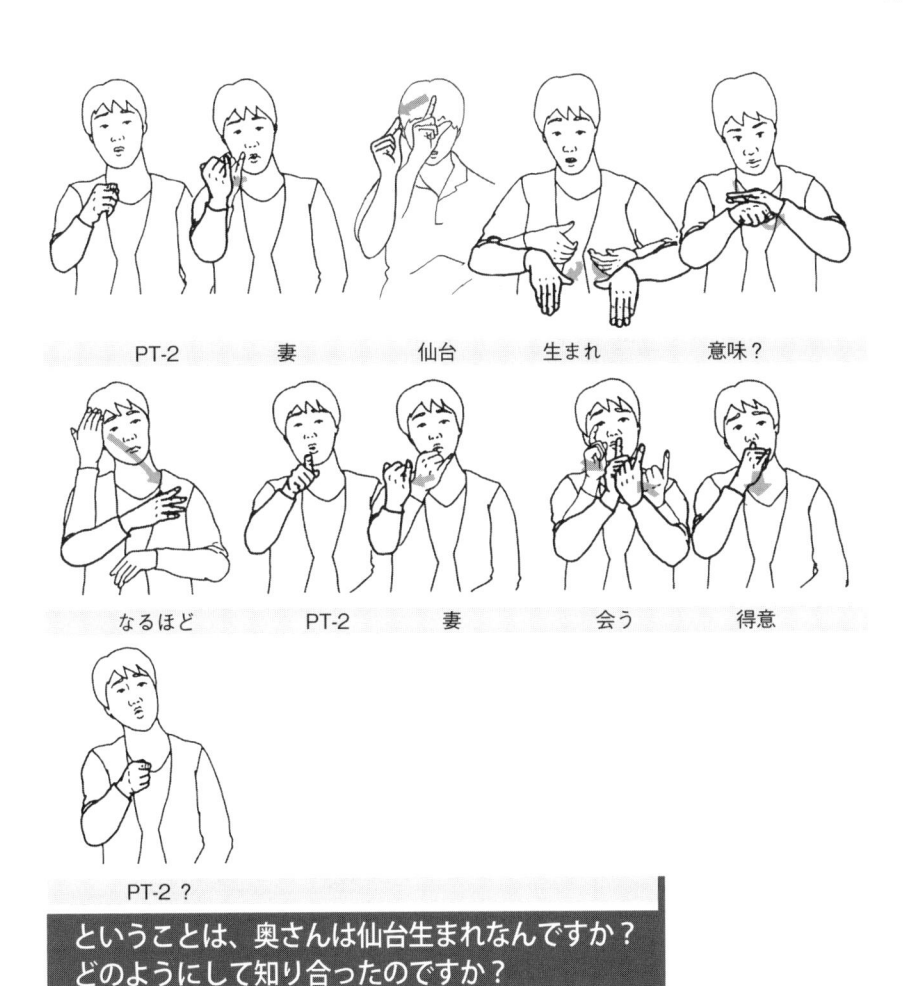

ということは、奥さんは仙台生まれなんですか？
どのようにして知り合ったのですか？

全国　ろう　大会　PT-i　会う

103

TOPIC 4

出身地

結婚 -PAST

全国ろうあ者大会で知り合って、結婚したのです。

●身体の前の平面を指さす上の［PT-i］は、「その場所で」という意味をもちます。指さしと同時に頷き、すぐにもとにもどします（上のイラストは頷いたあとの状態です）。

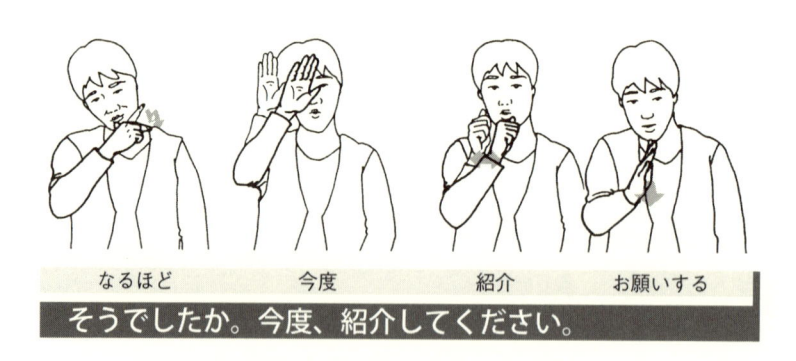

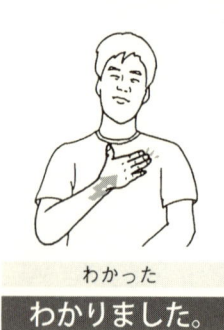

なるほど　　今度　　紹介　　お願いする

そうでしたか。今度、紹介してください。

わかった

わかりました。

104

PART 2

手話を実際に学んでみよう

ボキャブラリー

都道府県

北海道　　　　　　　青‐森

岩‐手（A）　　　　　岩手（B）

宮‐城　　　　秋田　　　山形

福‐島　　　　茨城　　　栃木

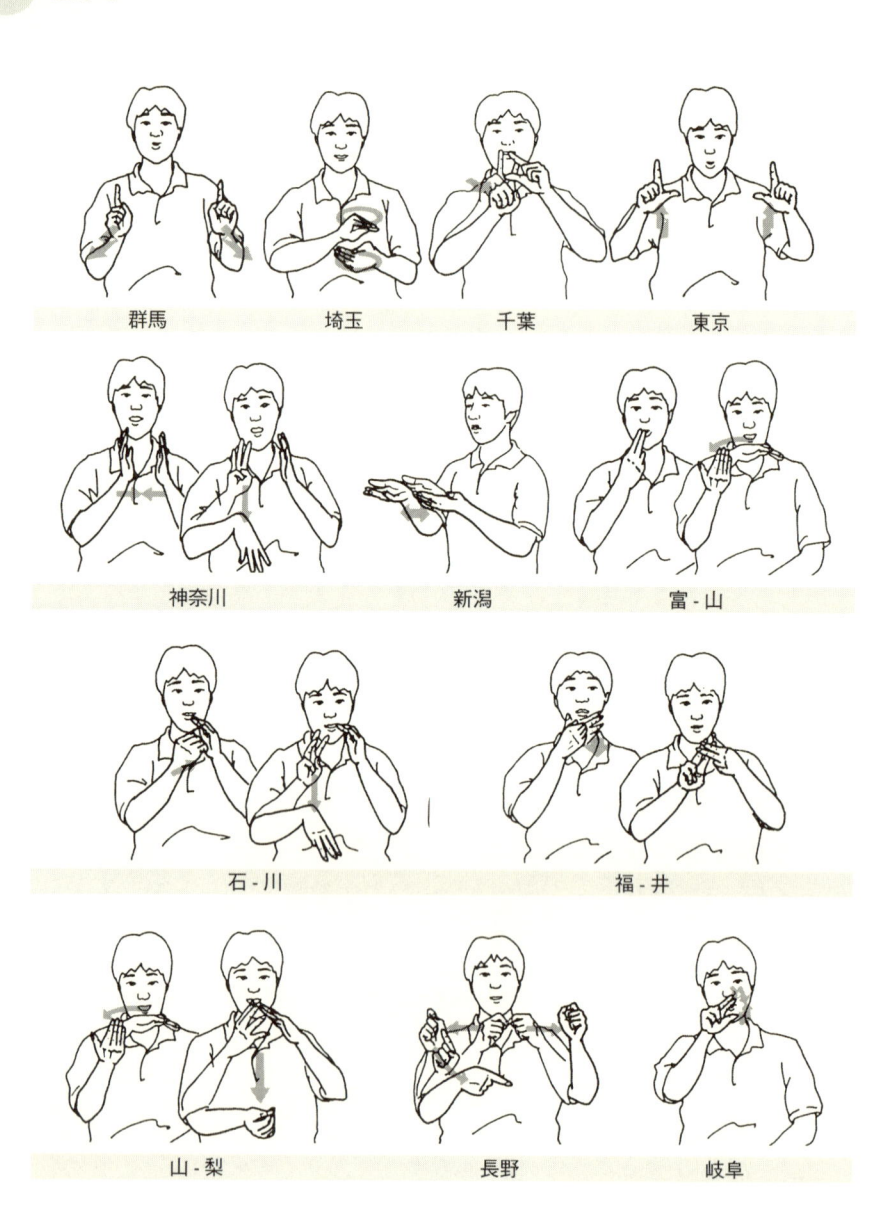

TOPIC 4

出身地

群馬　　埼玉　　千葉　　東京

神奈川　　　　新潟　　　　富-山

石-川　　　　　　福-井

山-梨　　　　長野　　　　岐阜

PART 2

手話を実際に学んでみよう

静岡　　　　　愛知　　　　　三重

滋賀　　　京都　　　大阪（A）　大阪（B）

兵庫　　　　奈良　　　　和歌山

鳥取　　　　　島根　　　　　岡山

TOPIC 4

出身地

広島　　　　　　　　　山口　　　　　　　　　徳-島

香-川　　　　　　　　　愛媛　　　　　　　　　高知（A）

高知（B）　　　　　　　福岡　　　　　　　　　佐賀

長-崎　　　　　　　　　熊本

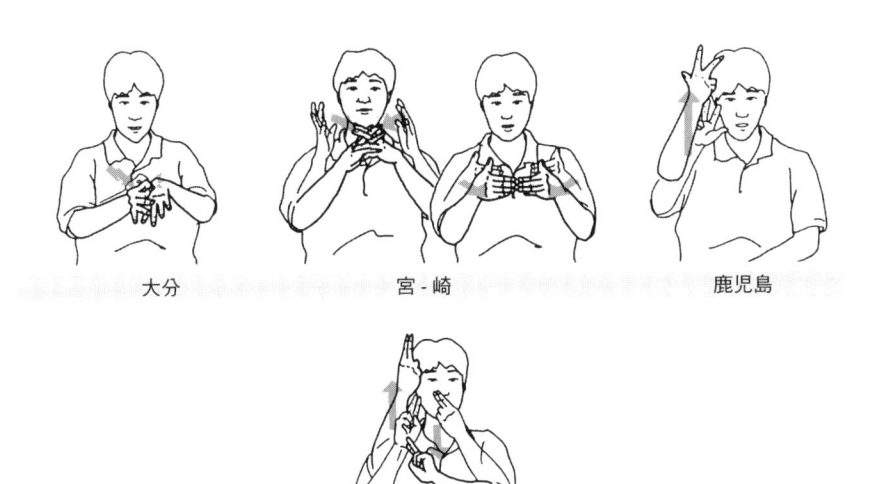

PART 2

手話を実際に学んでみよう

大分　　　　宮‑崎　　　　鹿児島

沖縄

都市

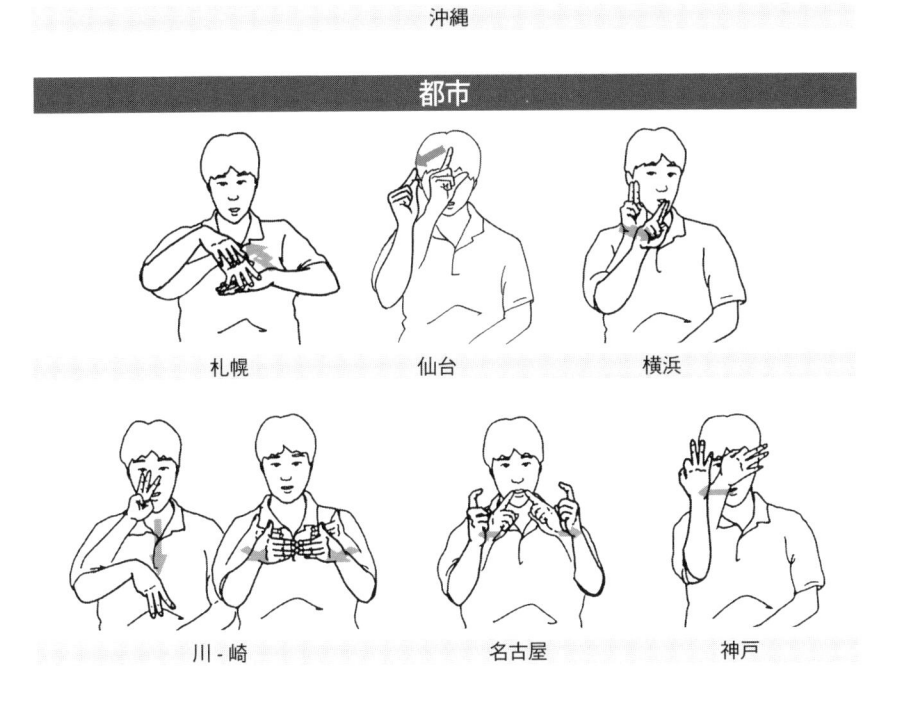

札幌　　　　仙台　　　　横浜

川‑崎　　　　名古屋　　　　神戸

TOPIC 4

出身地

北 - 九州

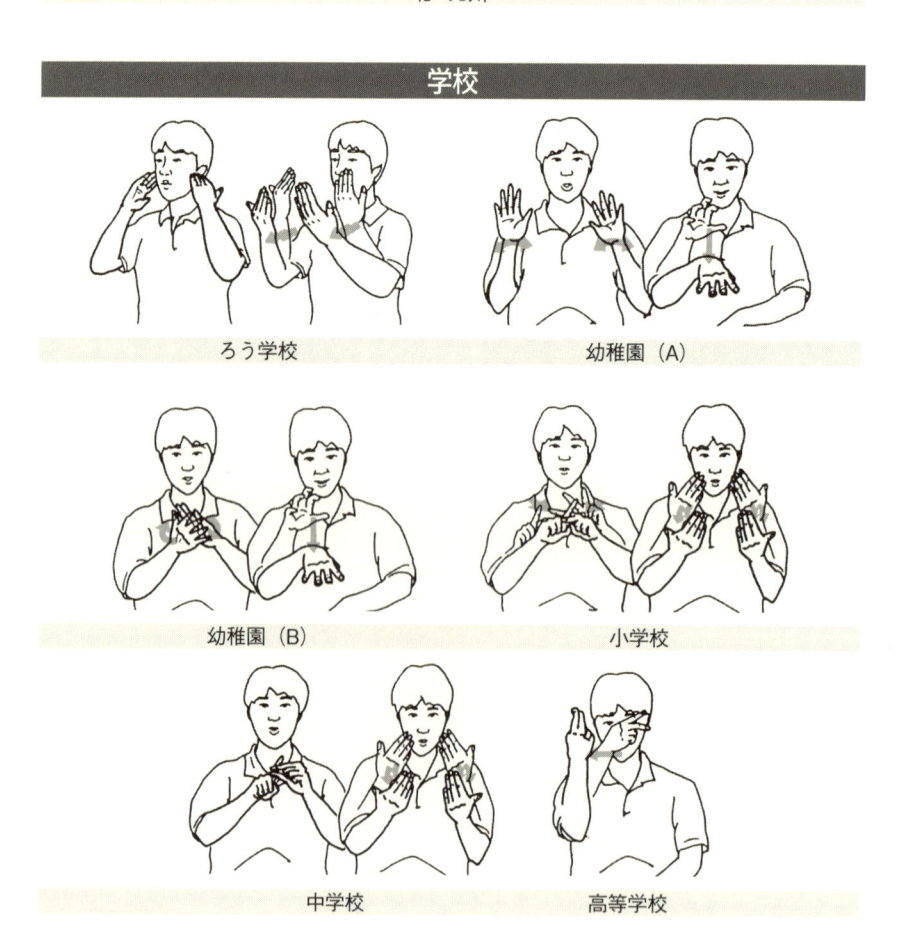

学校

ろう学校　　　　　　　　幼稚園（A）

幼稚園（B）　　　　　　小学校

中学校　　　　　　　　高等学校

PART 2

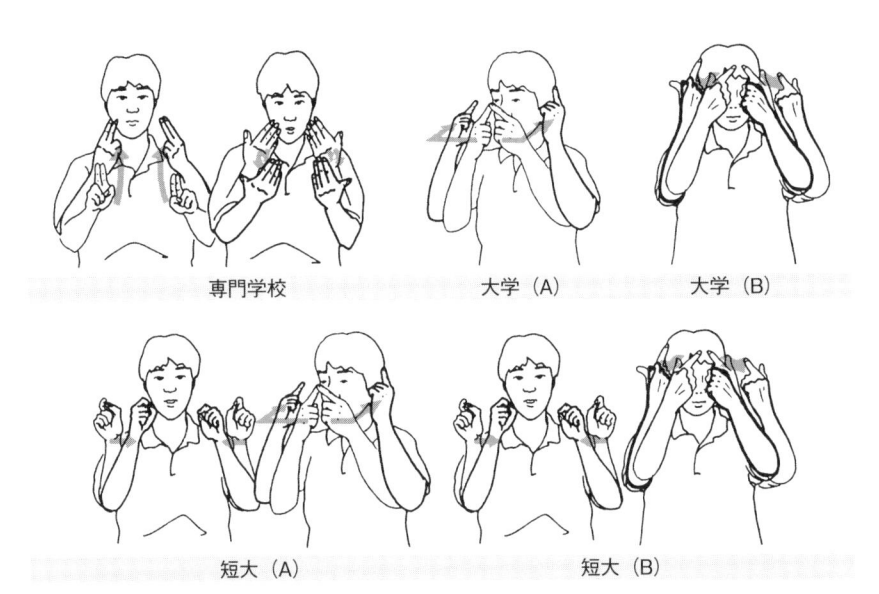

手話を実際に学んでみよう

専門学校 　　大学（A）　　大学（B）

短大（A）　　短大（B）

そのほか

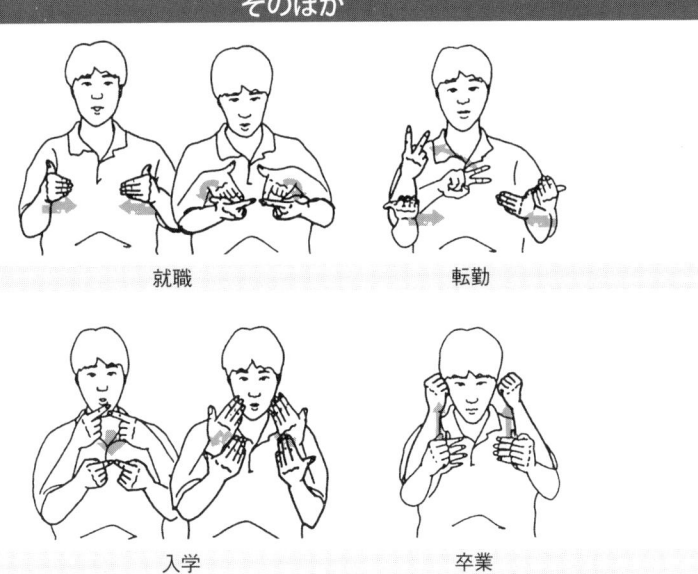

就職　　　　転勤

入学　　　　卒業

111

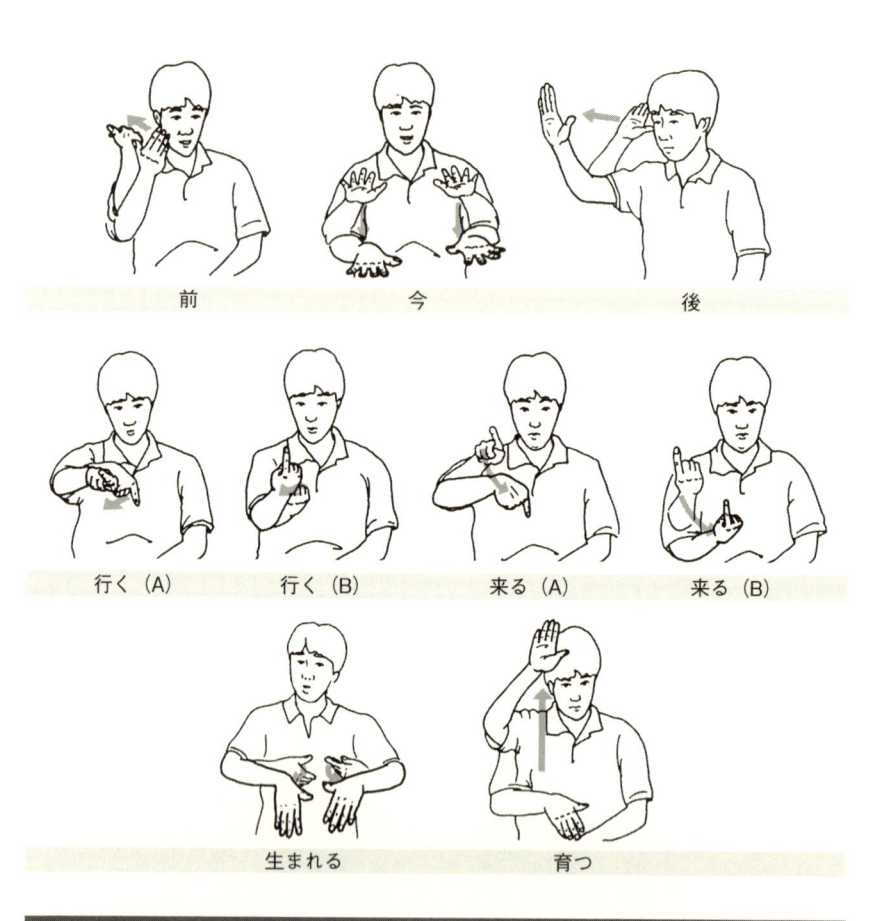

TOPIC 4

出身地

| 前 | 今 | 後 |

| 行く (A) | 行く (B) | 来る (A) | 来る (B) |

| 生まれる | 育つ |

疑問詞

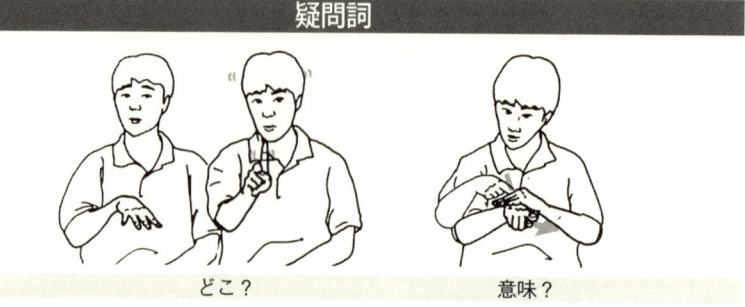

| どこ？ | 意味？ |

TOPIC 5

仕事

・・・・・・・・・・・・・・ キーセンテンス ・・・・・・・・・・・・・・

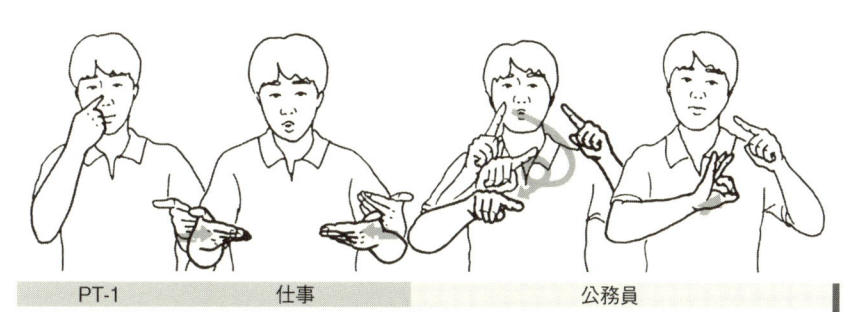

| PT-1 | 仕事 | | 公務員 |

私は公務員をしております。

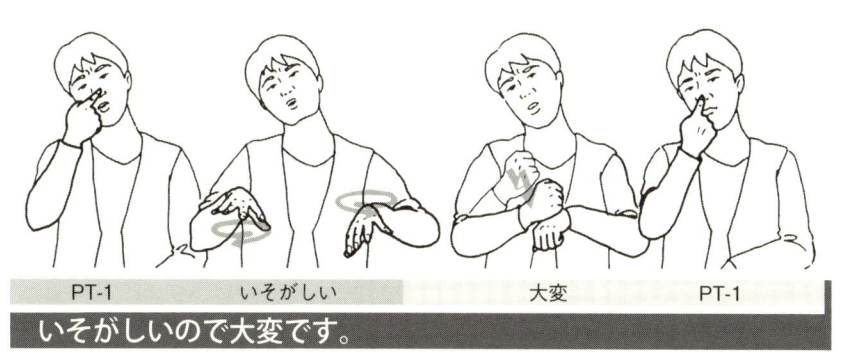

| PT-1 | いそがしい | 大変 | PT-1 |

いそがしいので大変です。

◇理由を述べる表現

時間的順序を述べる表現と同様、理由を述べる部分に頷きを伴います。

TOPIC 5 仕事

土　日　毎週（2日間）　休み

土日は休みでしょう

◇同意を求める表現

文末でいったん頭の動きを保持した後、頷きます。文末にぶら下がるようにつくという点で、英語の付加疑問文に少し似ているといえるかもしれません。

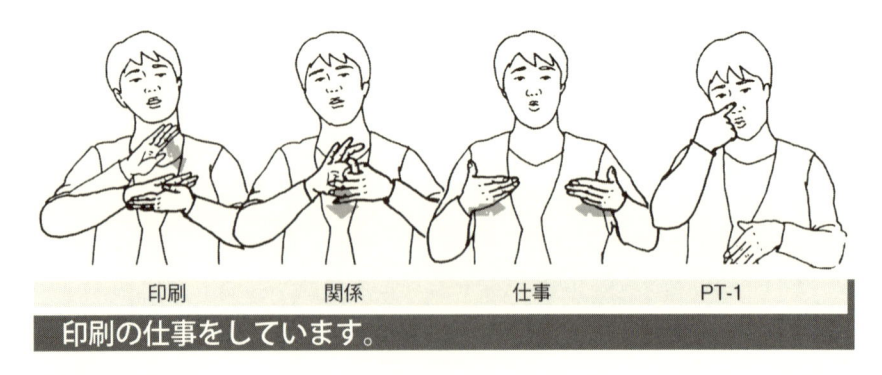

印刷　関係　仕事　PT-1

印刷の仕事をしています。

◇業種の表現

直訳すると「印刷関係の仕事」となりますが、日本語の「○○関係の」という表現ほど堅苦しい表現ではありません。業種について述べるときの一般的な表現です。

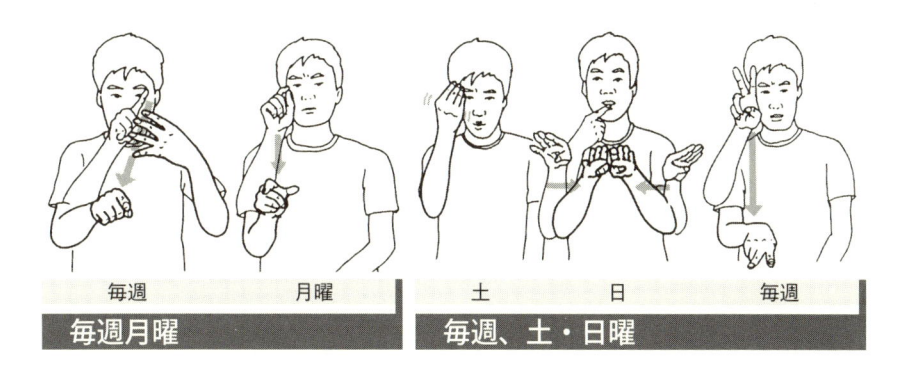

PART 2
手話を実際に学んでみよう

| 毎週 | 月曜 | 土 | 日 | 毎週 |

毎週月曜　　**毎週、土・日曜**

◇「毎週○曜日」の表現

　毎週決まった曜日に何かをする場合の表現です。それが1日であれば左手の代名詞（☞p.85）を用いた表現、「土・日」のように連続した2日間であれば、左手を用いない表現が使われます。

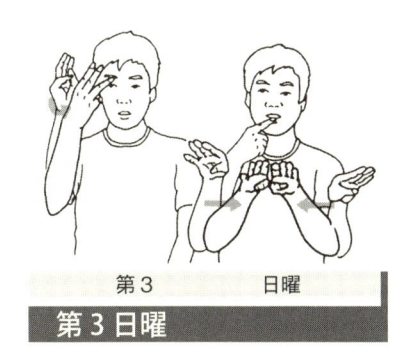

| 第3 | 日曜 |

第3日曜

◇「第×○曜日」の表現

　上のイラストのように、数字に特定の動きが伴うことによって、［第×］という表現になります。このほか、左手の代名詞を用いた（立てた指を右手でさしたりつまんだりする）表現でも［第×］という意味を表現することができます（☞p.85）。

TOPIC 5　仕事

・・・・・・・・・・・・・・・・・・ 会 話 ・・・・・・・・・・・・・・・・・・

PT-2　　　仕事　　　何？

あなたのお仕事は何ですか？

PT-1　　仕事？　　会社　　通う

印刷　　関係　　仕事　　PT-1

PT-2？

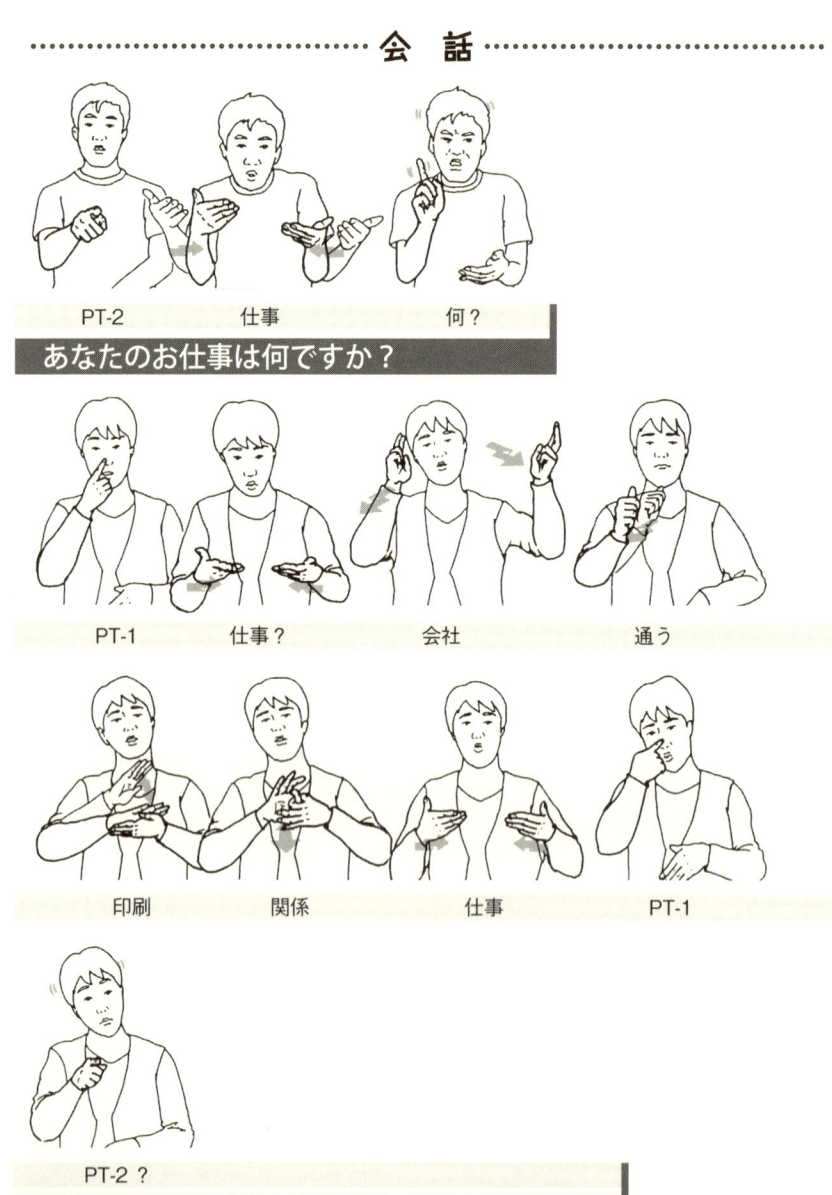

私の仕事ですか？　会社に勤めています。
印刷の仕事をしています。あなたは？

PART 2

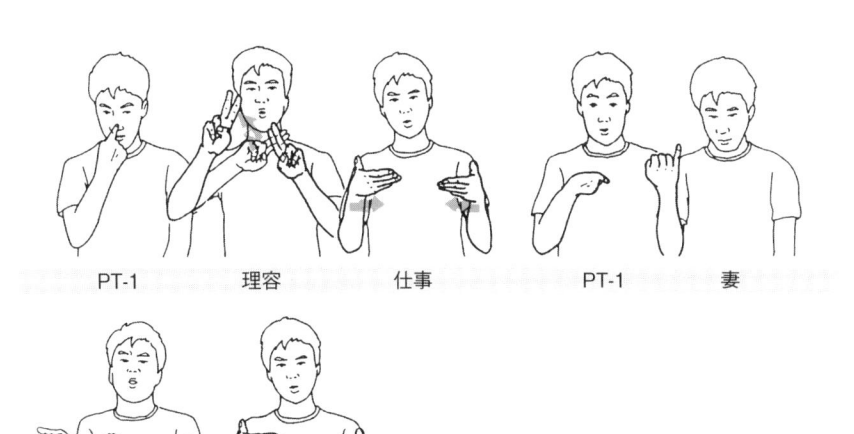

手話を実際に学んでみよう

PT-1　　理容　　　仕事　　　　PT-1　　　妻

いっしょ　仕事

私は理容の仕事をしています。妻といっしょです。

休み　　　いつ？　　　　月曜？

休みはいつですか？　月曜ですか？

Culture Notes ～ろう者の職業

　その昔、ろう者の職業といえば、理容・美容、印刷、木工など、「手に職をつける」ものが多かったのですが、現在では、会社員や公務員、コンピューターのプログラマーといった高度な知識を必要とする専門職まで、その職域は広がっています。法律で制限されていた医師、薬剤師のような職種も、法律改正により、免許を取得できるようになりました。

117

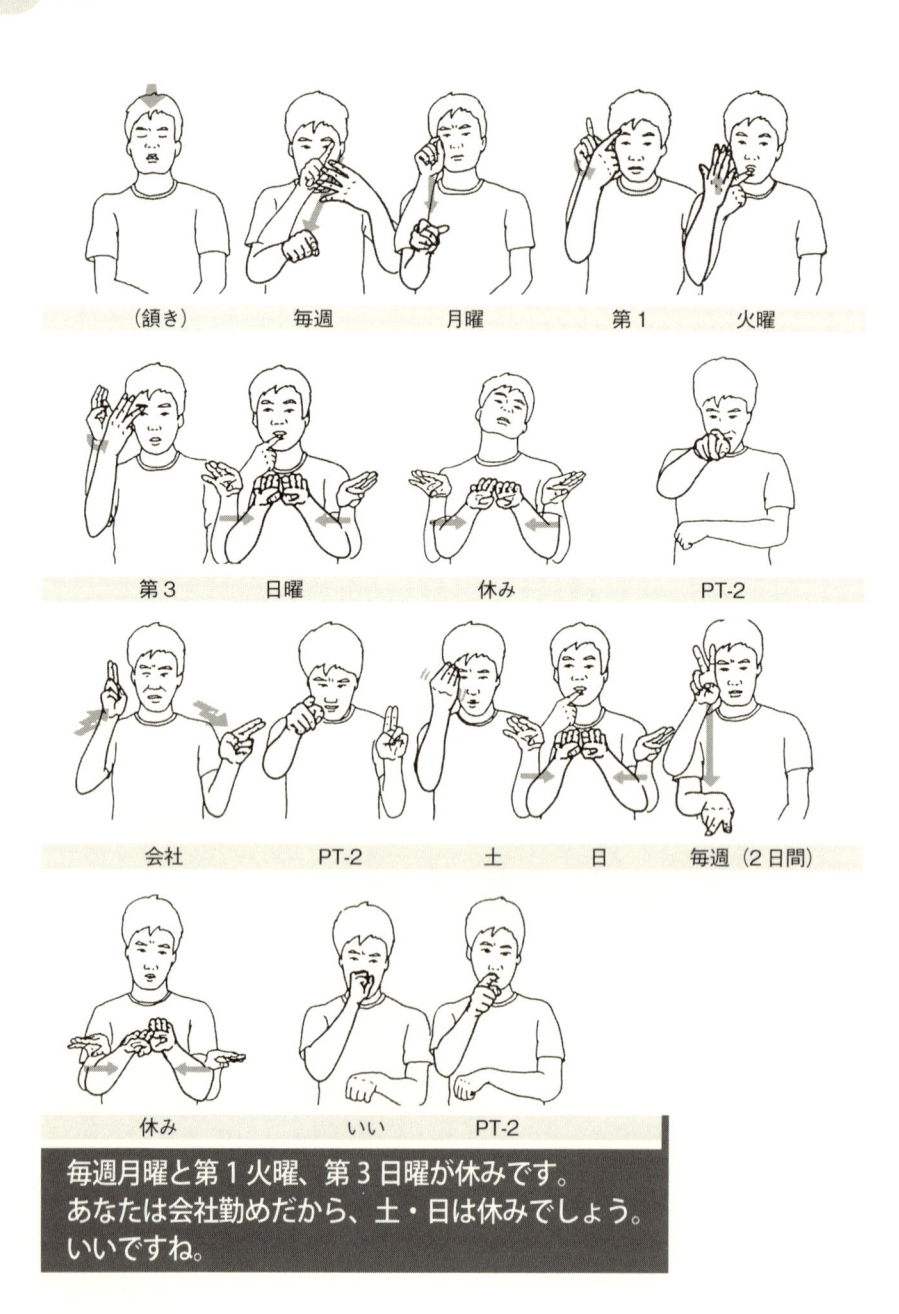

TOPIC 5 仕事

(頷き)　　毎週　　月曜　　第1　　火曜

第3　　日曜　　休み　　PT-2

会社　　PT-2　　土　　日　　毎週（2日間）

休み　　いい　　PT-2

毎週月曜と第1火曜、第3日曜が休みです。
あなたは会社勤めだから、土・日は休みでしょう。
いいですね。

PART 2

手話を実際に学んでみよう

そう　　　　でも　　　　PT-1　　いそがしい

大変　　PT-1

ええ。でも、いそがしいので
大変なんですよ。

Culture Notes 〜電話へのアクセス

　メールやビデオチャットができるようになったとはいえ、ろう者が電話にアクセスすることは容易ではありません。最近になって、オペレーターが文字や手話を介して電話をリレーする民間の会社が出てきました。それによって、出前をとったり、予約を入れたりできるようになりましたが、サービス利用料（会費など）がかかります。ろう者も電話にアクセスできるよう、アメリカなどのように法律でサービスが保障されるようになれればと思います。

Culture Notes 〜ろうの弁護士

　日本には聴覚障害のある弁護士が十数人いますが、うち、手話で弁護活動をしているのは数人です。ろうの弁護士は、専属の手話通訳者を雇用し、法廷で弁護し、民事紛争を解決したりしています。ろう者の社会的進出に伴い、手話通訳者の活躍する領域が広がっています。

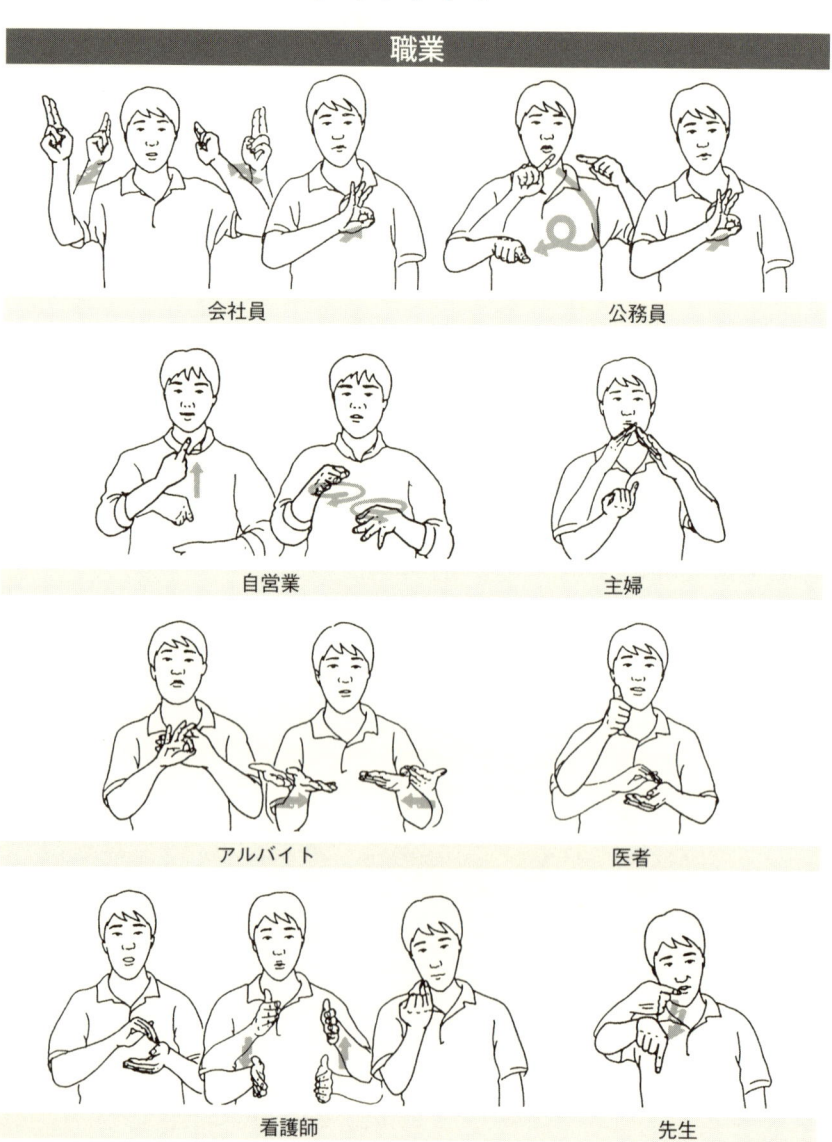

TOPIC 5　仕事

ボキャブラリー

職業

会社員　　　　　　　　　公務員

自営業　　　　　　　　　主婦

アルバイト　　　　　　　医者

看護師　　　　　　　　　先生

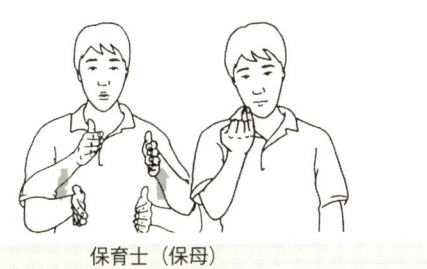

PART 2

手話を実際に学んでみよう

保育士（保母） 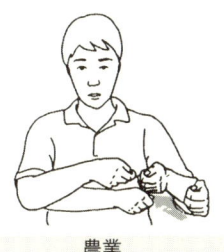 　　　　　　農業

職種

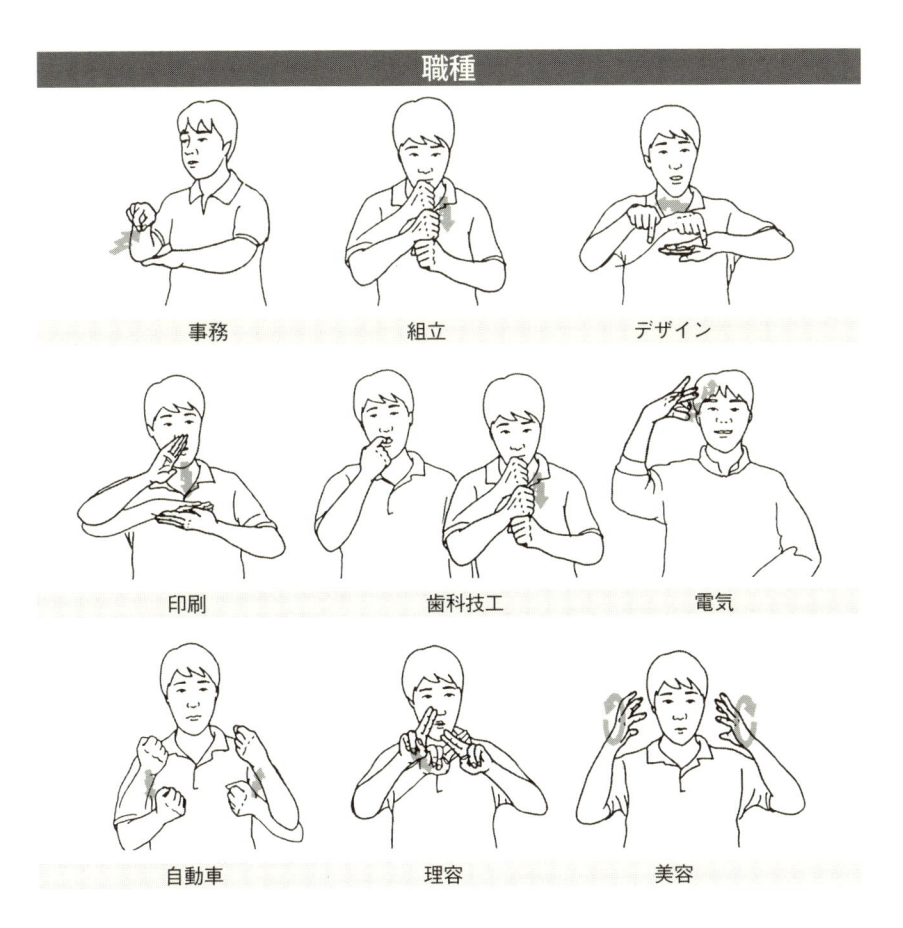

事務　　　　組立　　　　デザイン

印刷　　　　歯科技工　　　電気

自動車　　　理容　　　　美容

121

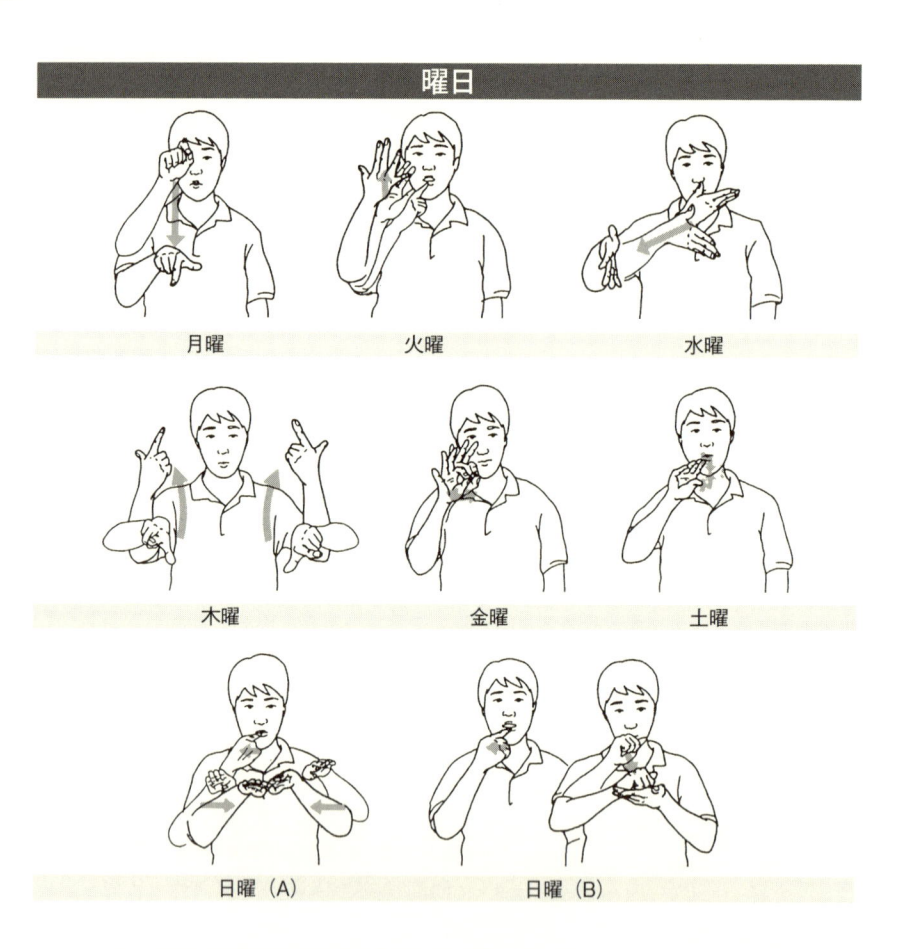

TOPIC 5

仕事

曜日

| 月曜 | 火曜 | 水曜 |

| 木曜 | 金曜 | 土曜 |

| 日曜（A） | 日曜（B） |

そのほか

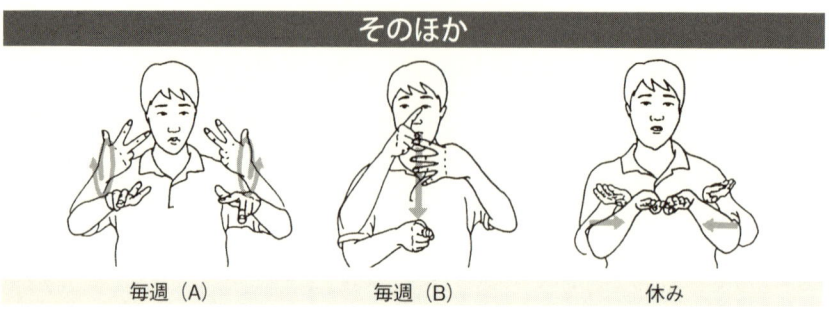

| 毎週（A） | 毎週（B） | 休み |

PART 2

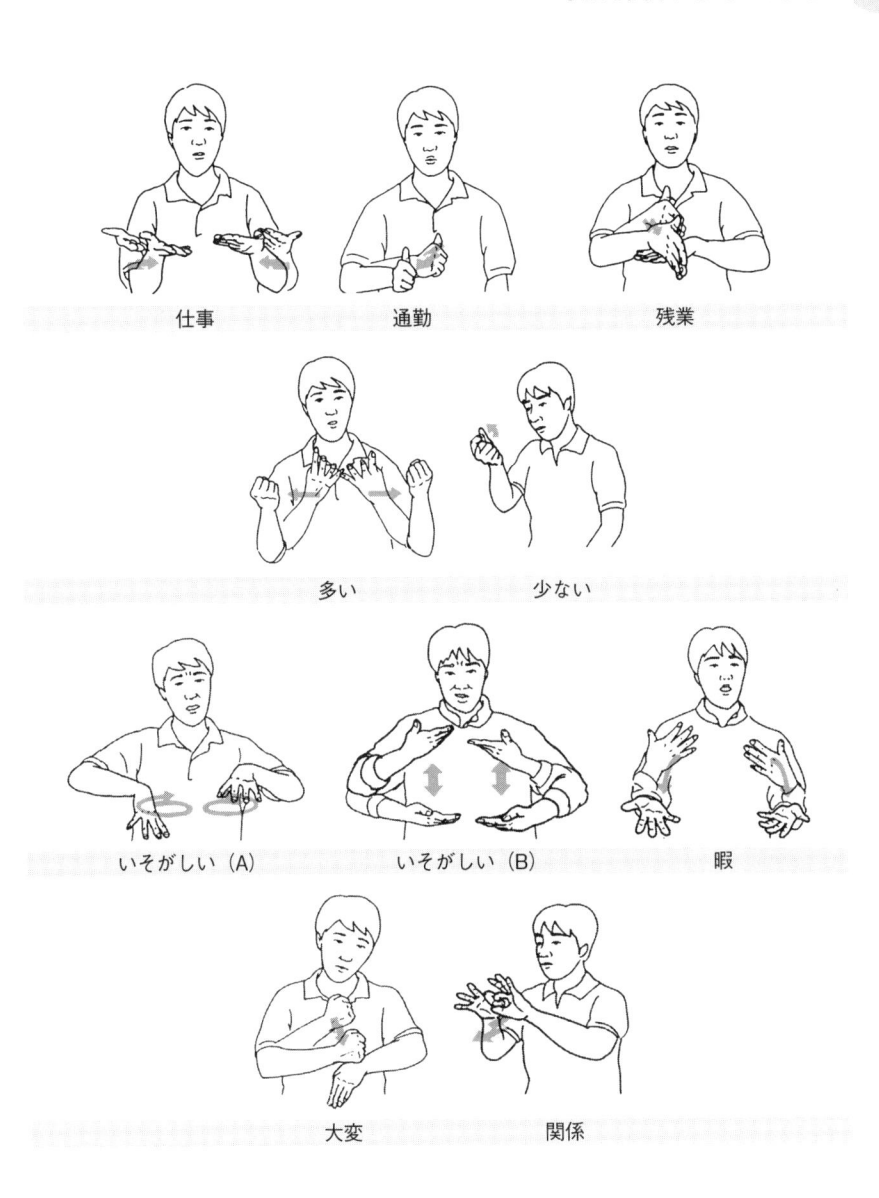

手話を実際に学んでみよう

仕事　　　通勤　　　残業

多い　　　少ない

いそがしい (A)　　　いそがしい (B)　　　暇

大変　　　関係

TOPIC 6

一日の生活

・・・・・・・・・・・ キーセンテンス ・・・・・・・・・・・

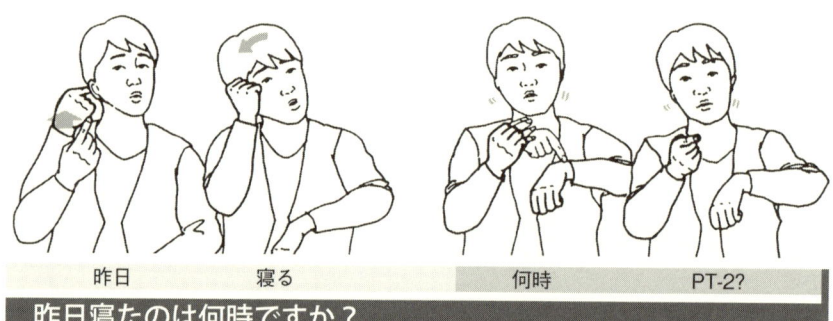

| 昨日 | 寝る | 何時 | PT-2? |

昨日寝たのは何時ですか？

◇時刻をたずねる表現

　時刻をたずねる表現には専用の疑問詞がないので、[時間・いくつ] という複合表現が用いられます。疑問詞を用いずに、[時間] に WH 疑問の非手指標識（顎を前に出し、首を横に小刻みにふる）を伴うだけで疑問文を作ることもできます。

◇時間や距離が短いことを表す表現

　[昨日] という語に、「頬と肩を近づける」動作が伴っています。これは、時間や距離が短いことを表す非手指標識です。

PART 2

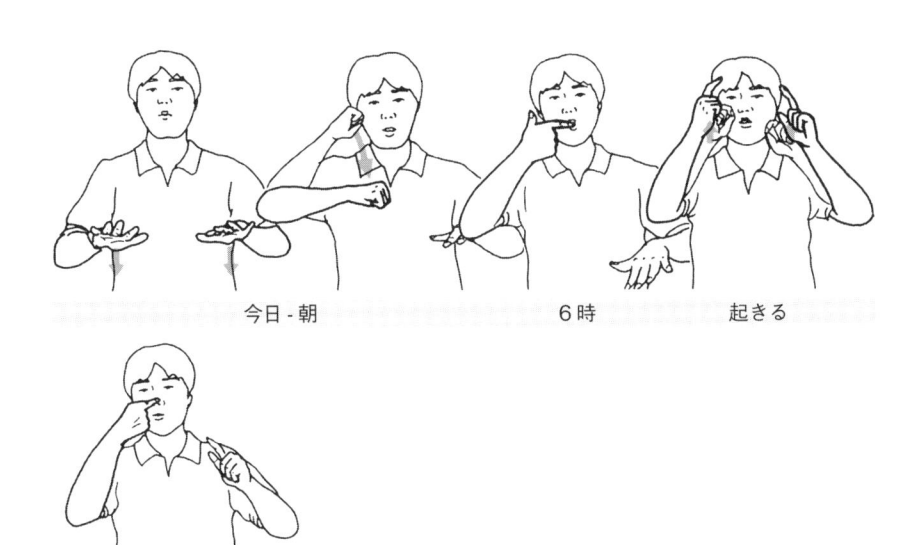

手話を実際に学んでみよう

今日 - 朝　　　　　6時　　　起きる

PT-1
今朝は6時に起きました。

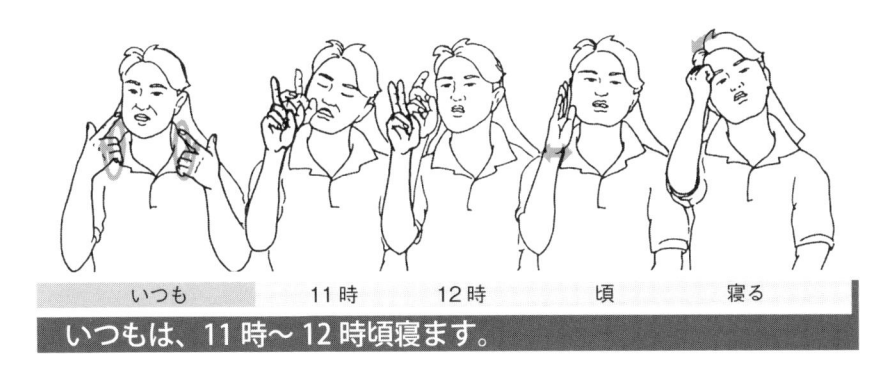

いつも　　11時　12時　　頃　　寝る
いつもは、11時〜12時頃寝ます。

◇「ふだんは〜する」

　「ふだんは〜する」(ふつうはそうである)という表現では、副詞[いつも]に話題化の非手指標識がかかります。話題化を伴わないと「いつも〜する」(毎回そうである)という表現になるので注意が必要です。

TOPIC 6

一日の生活

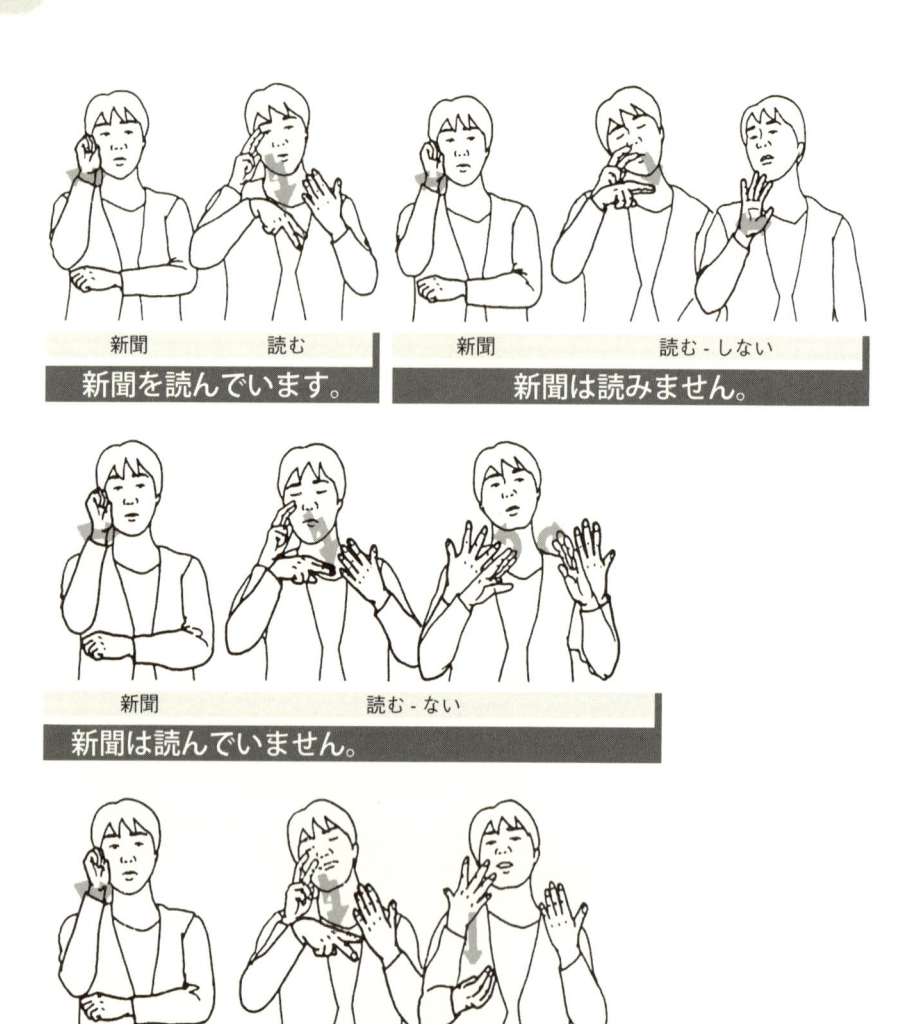

新聞　　　読む
新聞を読んでいます。

新聞　　　　　読む‐しない
新聞は読みません。

新聞　　　　　読む‐ない
新聞は読んでいません。

新聞　　　　読ん‐だ
新聞を読みました。

◇否定の表現

　[しない] と [ない] はどちらも動詞の後ろに置かれて否定を示します。必ず首を横にふるという非手指標識を伴います。[しない] は意志の否定で、日本語の「〜しません」に相当します。[ない] は事実の否

定で、日本語の「～していません／～しませんでした」にあたると考えてよいでしょう。［ない］は本来両手を使う語ですが、直前の動詞が［見る］のように片手の語の場合には、［ない］も片手で表現されるのがふつうです。

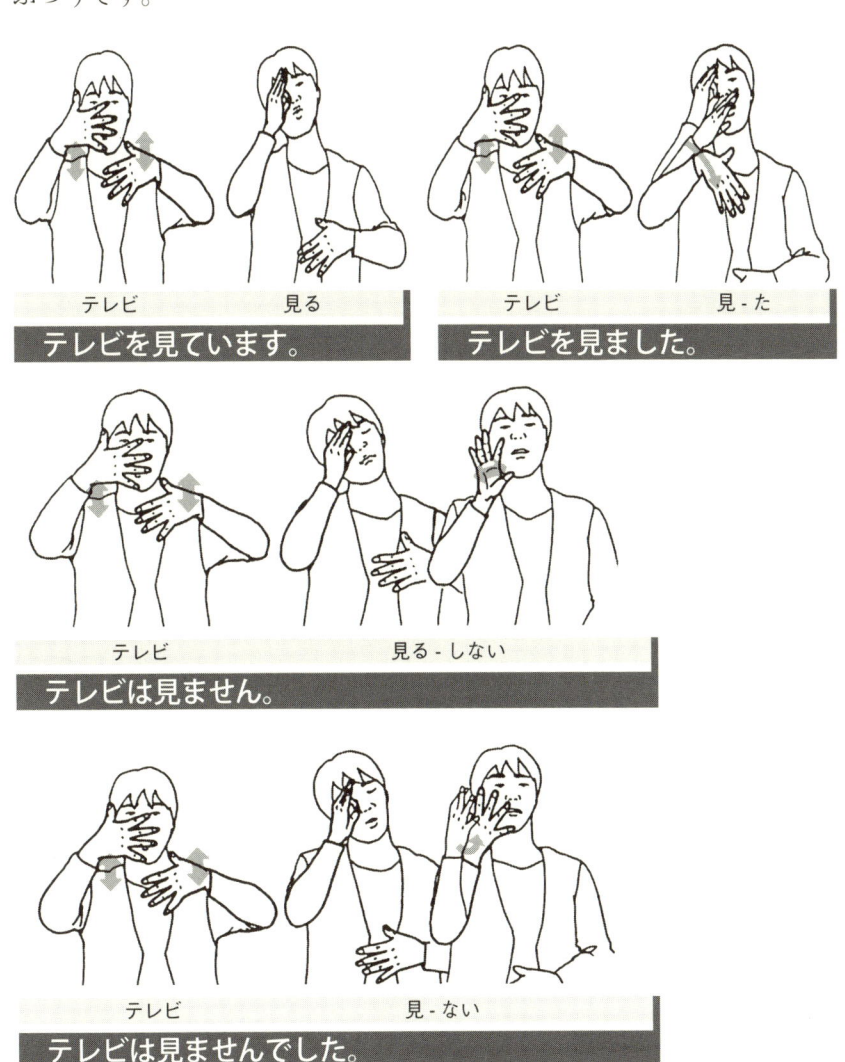

　　　　テレビ　　　　　　見る　　　　　　　　　テレビ　　　　　　見-た
テレビを見ています。　　　　　　　　　　**テレビを見ました。**

　　　　テレビ　　　　　　　　　　見る-しない
テレビは見ません。

　　　　テレビ　　　　　　　　　　見-ない
テレビは見ませんでした。

TOPIC 6

一日の生活

| 新聞 | 読む | ふろ | 入る | 寝る |

新聞を読んで、おふろに入って寝ました。

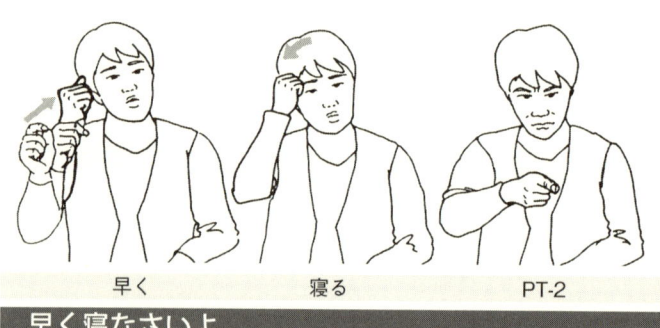

| 早く | 寝る | | PT-2 |

早く寝なさいよ。

◇命令の表現

　命令の表現は、「顎上げ」がもっとも典型的です。断定の意味から転じたもので、顎と眉の位置によって、指示／強制／助言／説得／提案／催促といった意味を区別します（☞p.43）。顎を上げる位置は文末ですが、文末の指さしがある場合は、その前の動詞の位置で顎を上げます。上の文は説得ですから、顎の位置は下になっています。

Culture Notes 〜手や目はやられるな

　風邪をひいたときに喉をやられてしまい、声が出せなくて困ることがあると思いますが、ろう者の場合は、手を怪我すると手話ができなくて困ってしまいます。また、目の病気や怪我で眼帯をすると、見える範囲が狭まって難儀します。喉はやられても、手や目はやられるな、ということでしょうか。

朝 7時

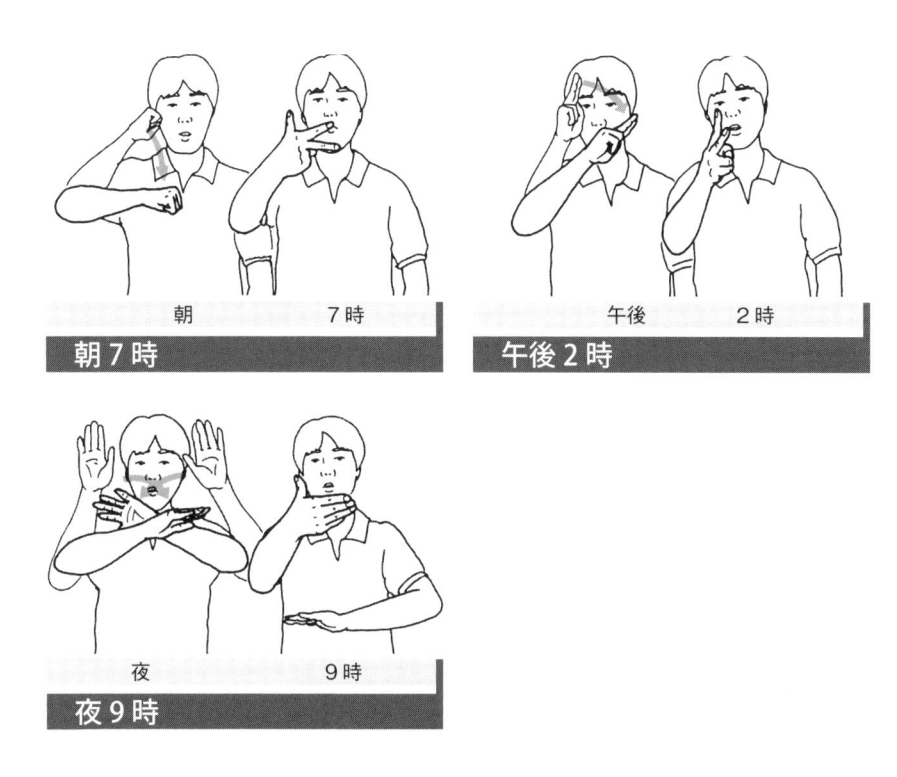

午後 2時

夜 9時

◇時刻を表わす表現

　時刻を表わす表現では、時刻に関する単語（［朝］［午後］［夜］など）が先に表現されていれば、単位の［時］は省略されます。なお、時刻特有の表現として、［1］〜［4］までの数字は指先を前上方に向け、軽く前に出すという動きを伴います。また、「12時」には特有の表現もあります（☞p.132）。その表現には［昼］（☞p.134）という意味もありますが、「夜の12時」をさすこともできます。

TOPIC 6

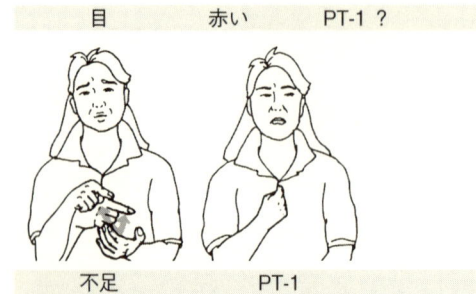

一日の生活

···················· 会 話 ····················

(やあ)　　(よびかけ)　　PT-2　　目

どうした　　PT-2 ?

こんにちは。あれ、その目、どうしたの？

目　　赤い　　PT-1 ?　　仕方がない　　寝る

不足　　PT-1

目、赤い？　そうよね。寝不足だもの。

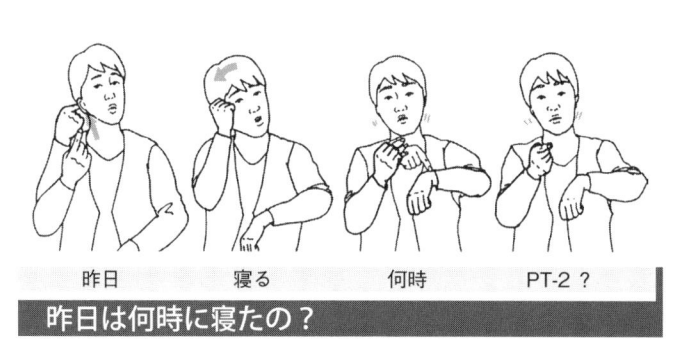

PART 2

手話を実際に学んでみよう

| 昨日 | 寝る | 何時 | PT-2？ |

昨日は何時に寝たの？

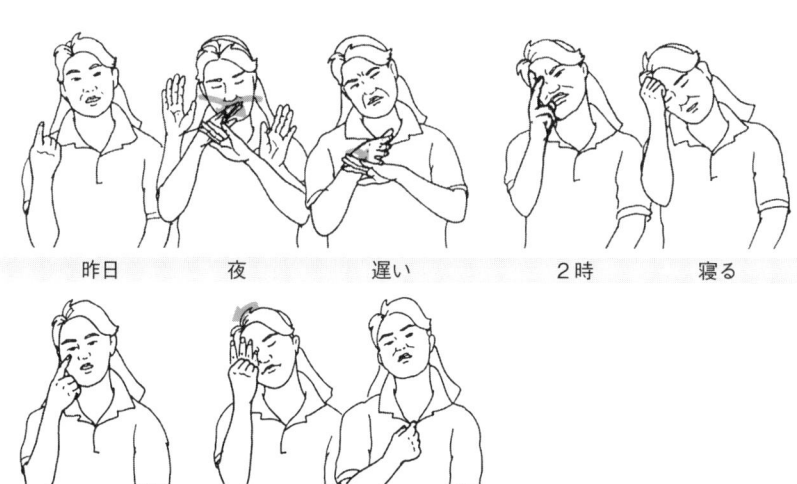

| 昨日 | 夜 | 遅い | 2時 | 寝る |

| PT-1 | ねむい | PT-1 |

昨日は夜中の2時に寝たの。ねむいんだ。

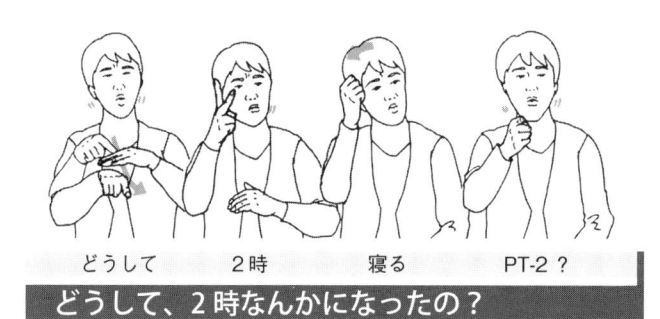

| どうして | 2時 | 寝る | PT-2？ |

どうして、2時なんかになったの？

131

TOPIC 6

一日の生活

| 帰る | 12時 | 後 | 新聞 | 読む |

| ふろ | 入る | だから | 寝る | 2時 |

帰ったのが12時で、新聞読んでおふろに入ったから
2時になっちゃったの。

| いつも | 寝る | 何時？ | PT-2 |

いつもは何時に寝るの？

Culture Notes 〜ろう者の拍手

　ろう者の拍手は、両手を突き上げてひらひらさせます。観客が総立ちになって、拍手（手をひらひらさせる）を送るのは、手話のスタンディングオベーションといえるでしょう。アメリカのあるパーティ会場で、有名なろう者が壇上にあがったとき白いナプキンが一斉にクルクルと廻されたのには驚きました。パーティに参加していた人が全員、そのろう者に最大の賛辞を送ったのです。

PART 2

手話を実際に学んでみよう

| いつも | 11時 | 12時 | 頃 | 寝る |

| 起きる | 7時 | 頃 |

いつもは11時から12時頃に寝て、7時頃起きるの。

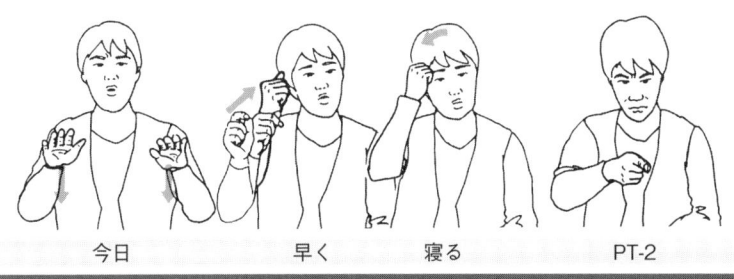

| 今日 | 早く | 寝る | PT-2 |

今日は早く寝なさいよ。

| わかった |

わかったわ。

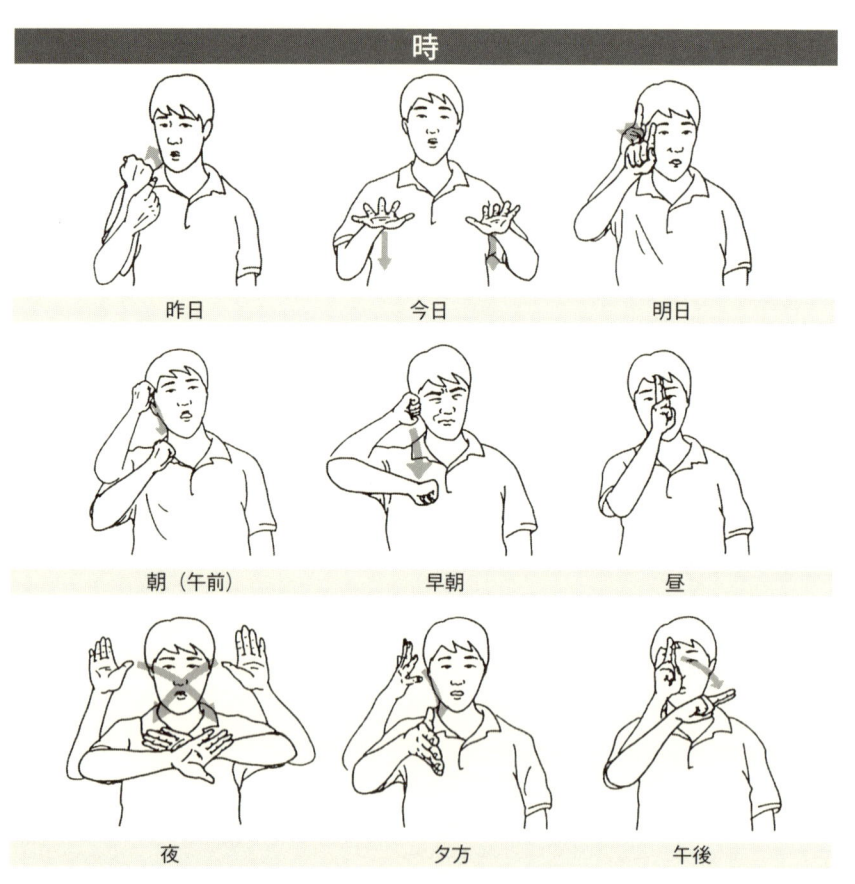

TOPIC 6　一日の生活

ボキャブラリー

時

昨日	今日	明日
朝（午前）	早朝	昼
夜	夕方	午後

Culture Notes 〜たまには不便なこともある

　聴者のみなさんは、ろう者は耳が聞こえないために大変な苦労をしていると思われるかもしれません。けれども、ろう者自身は「たまには不便なこともある」程度にしか感じていないのです。もちろん、そうした不便を少しでも解消するために、社会に対して要求はしています。実際、ホームや車内でのアナウンスが聞こえない不便は、文字表示の充実化によって解消されつつあります。

生活

起きる　　　食べる (A)　　　食べる (B)

外出　　　帰宅　　　入浴 (A)　　　入浴 (B)

テレビ - 見る　　　　　　新聞 - 読む

話す　　　寝る

TOPIC 6

一日の生活

そのほか

早い 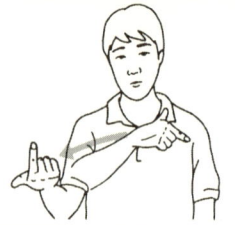 遅い

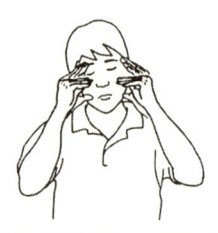

ねむい（A）  ねむい（B）

疑問詞

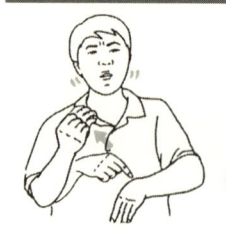

何時？  何時？  なぜ？  なぜ？

応答

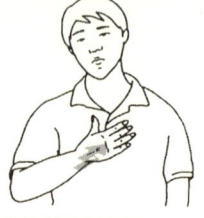

わかった

TOPIC 7

通勤・通学

・・・・・・・・・・・・・・・・ キーセンテンス ・・・・・・・・・・・・・・・・

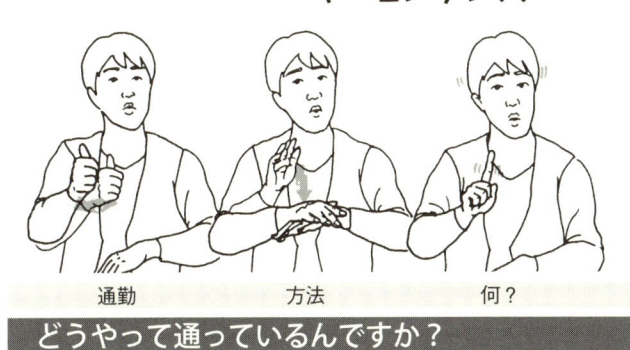

| 通勤 | 方法 | 何？ |

どうやって通っているんですか？

◇**方法をたずねる表現**

　方法に関しては専用の疑問詞がないので、［方法・何］という複合表現を用います。疑問詞を用いずに、［方法］にWH疑問の非手指標識（顎を前に出し、首を横に小刻みにふる）を伴うだけで疑問文を作ることもできます。

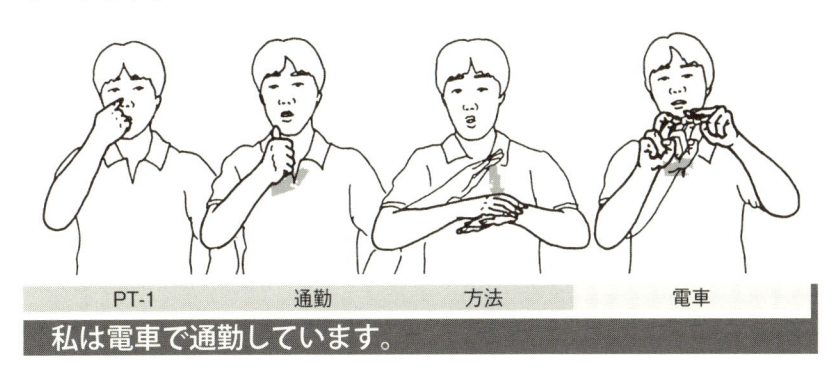

| PT-1 | 通勤 | 方法 | 電車 |

私は電車で通勤しています。

TOPIC 7　通勤・通学

◇方法の表現

　上の文は［電車］を焦点化した分裂文で、「私が通勤する方法は何かというと電車です」という構造になっています。日本語に直訳すると大げさな表現に聞こえますが、手話としてはごく一般的な表現です。

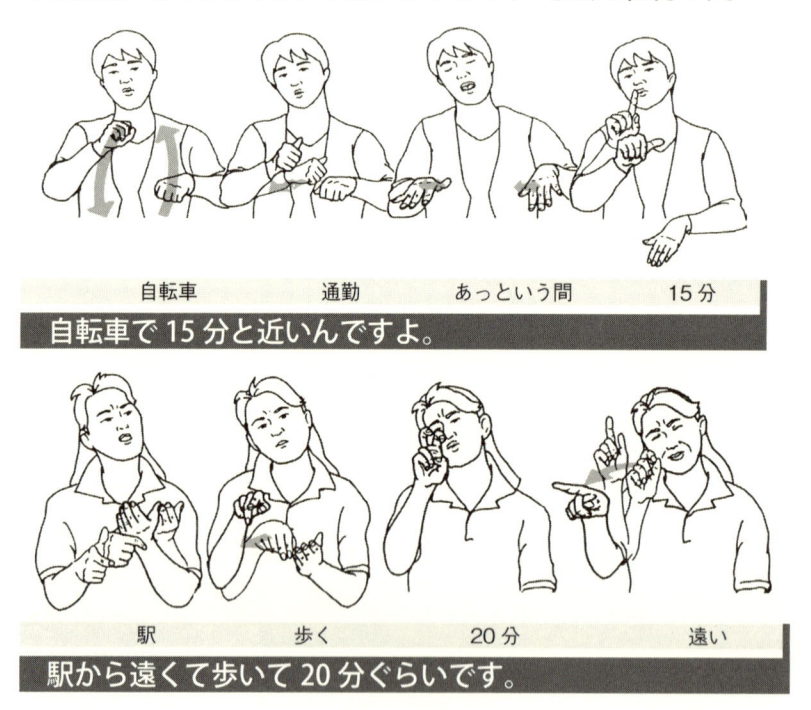

| 自転車 | 通勤 | あっという間 | 15分 |

自転車で15分と近いんですよ。

| 駅 | 歩く | 20分 | 遠い |

駅から遠くて歩いて20分ぐらいです。

◇距離の表現

　「近い（短い）」や「遠い（長い）」など距離にかかわる表現では、手の動かし方が重要です。「近い」場合は、動きが小さく速くなり、「遠い」場合は、動きが大きく遅くなります。非手指標識も不可欠で、量が少ないことを示す舌を見せる口型や、「近さ」を示す口型「イ」、逆に量が多いことを示す口型「オ」が使われます。なお、［あっという間］という単語は、距離というより時間にかかわる表現というべきかもしれませんが、もちろん、両者の間に深い関係があるのはいうまでもありません。

PART 2

手話を実際に学んでみよう

乗り換え　1回-だけ　でも　混雑

とても

乗り換えは1回だけですが、ひどく混雑します。

◇程度の副詞の位置
　程度の大きさを表わす副詞［とても］は、形容詞の後ろに置かれるのがふつうです。多くの場合、量が多いことを示す口型「オ」を伴います。

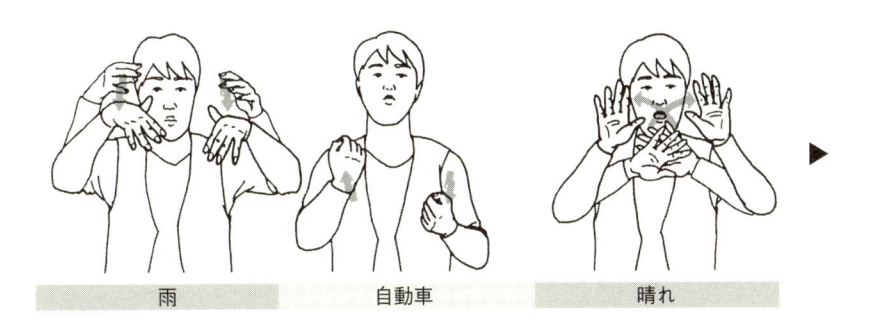

雨　自動車　晴れ

139

TOPIC 7

通勤・通学

自転車

雨なら自動車で、
晴れなら自転車です。

◇条件節

日本語の「もし〜ならば」にあたる表現です。条件節（「もし〜ならば」の部分）に、眉を上げる、節の終わりで顎を引く（「移動」）という非手指標識が伴います。

| 雨 | どうする | PT-2 ? |

雨の場合はどうするのですか？

◇条件節を含む疑問文

条件節が疑問文の中に含まれる場合は、話題化などの場合と同様、条件節の接続部に頭の動きは現れません。WH疑問文の非手指標識（顎を前に出し、横に小刻みにふる）が条件節の部分にかからないことによって構造が示されます。

PART 2

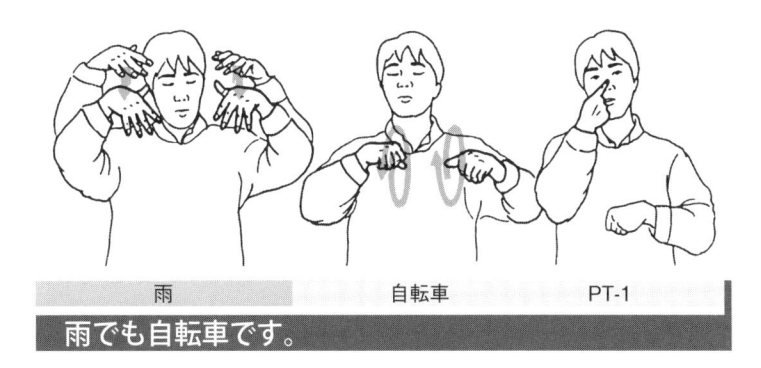

手話を実際に学んでみよう

| 雨 | 自転車 | PT-1 |

雨でも自転車です。

◇譲歩節

　日本語の「たとえ〜でも」にあたる表現で、条件節と同じ非手指標識を伴った後、軽く首をふって、次の節につなげます。

Culture Notes 〜自立するのが早いのは……

　ろうの親から生まれ育った子どもは、おしなべて自立するのが早いようです。転んで泣いていてもろうの親は助けに来てくれません。子どもは自分で親のところまで行き、泣きながら事の顛末を話すというパターンが多いようです。そのため、ほかの子どもより自立するのが早いのかもしれませんね。

Culture Notes 〜ろう者のくらし　むかしと今

　最近の通信技術の発展にはめざましいものがあり、ろう者もその恩恵にあずかっています。メール等の文字通信やビデオチャットができるようになり、ろう者の暮らしは劇的に変化しました。むかし、電話を使えないろう者は、、たまり場や家に直接出向いていました。自転車が最強の通信手段だったのです。
　現在は、ろう者も運転免許が取得できます。ただし、ワイドミラーの取り付けと聴覚障害者標識の表示、または聴力の検査と補聴器の装着が義務づけられています。欧米諸国にはそのような規定はありません。日本でも、早くこうした制限がなくなってほしいものです。

TOPIC 7

通勤・通学

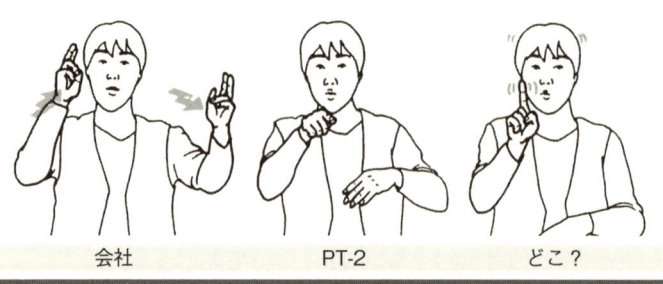

会 話

| 会社 | PT-2 | どこ？ |

会社はどこですか？

| 会社？ | 池袋 | 近い |

PT-3

会社ですか？　池袋駅の近くにあります。

Culture Notes 〜指さしは大事

　人を指さすのは失礼とされていますが、ろう者にとって「指さし」はとても大事です。会話の相手やその場にいない人物に対しても指さしを使います。指さしは、主語にもなりますし、目的語にもなります。あなたも手話の指さしをマスターすれば、手話が上達すること間違いなし！です。

PART 2

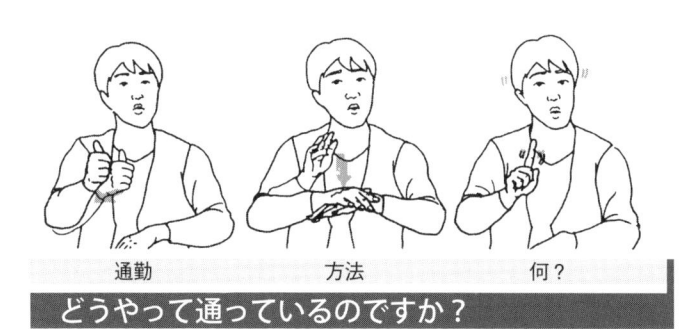

手話を実際に学んでみよう

| 通勤 | 方法 | 何？ |

どうやって通っているのですか？

| 電車 | 通勤 | PT-1 | 家 |

| 川崎 | 駅 | 歩く | 20分 |

| 遠い | だから | 通勤 | 大変 |

143

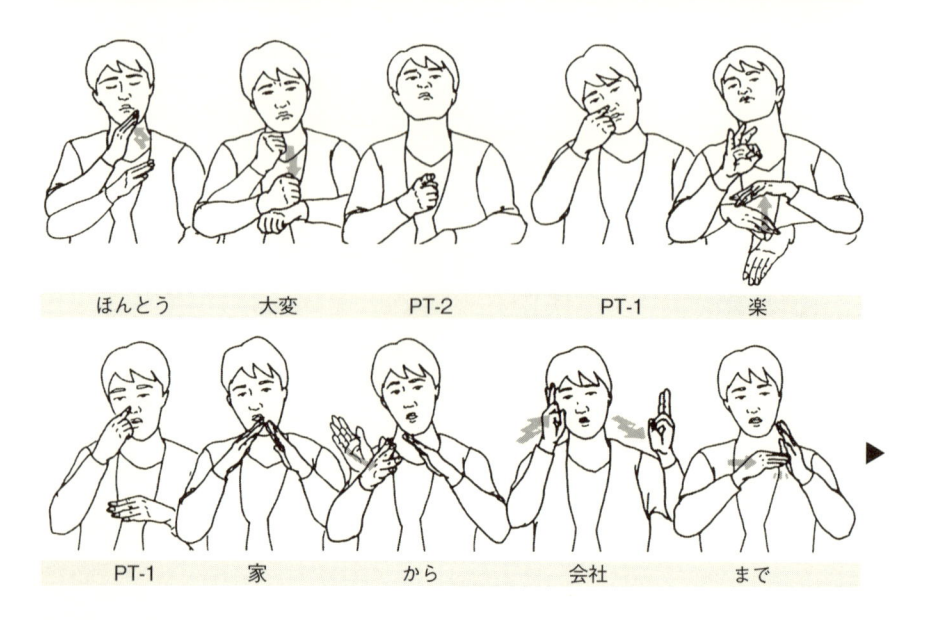

TOPIC 7

通勤・通学

| PT-1 | | 乗り換え | 1回-だけ | でも |

| 混雑 | とても | 通勤 | 1時間半 |

電車です。家が川崎駅から遠くて歩いて20分ぐらいなんです。ですから、通うのが大変です。乗り換えは1回だけですが、ひどく混雑します。通勤時間は1時間半ぐらいですね。

| ほんとう | 大変 | PT-2 | PT-1 | 楽 |

| PT-1 | 家 | から | 会社 | まで |

PART 2

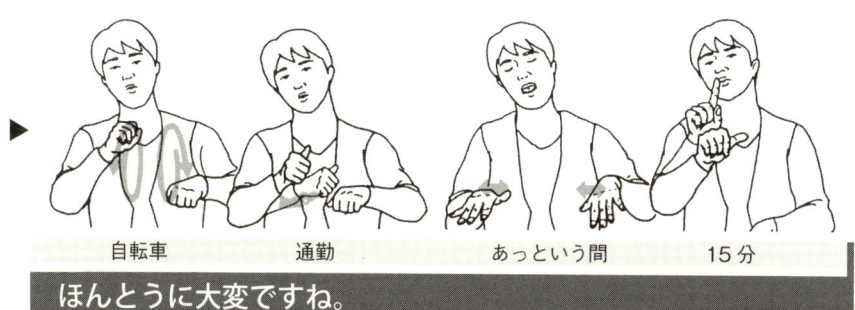

手話を実際に学んでみよう

| 自転車 | 通勤 | あっという間 | 15分 |

ほんとうに大変ですね。
私は楽で、家から会社まで自転車で15分と近いんです。

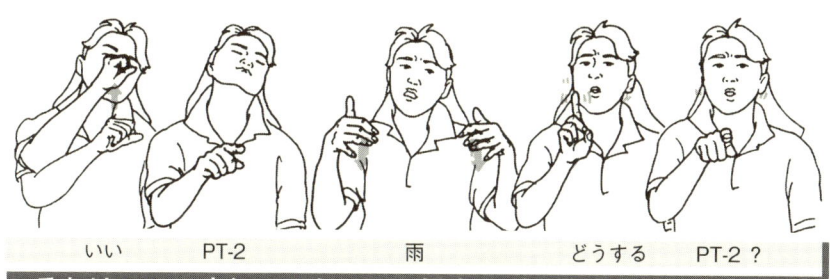

| いい | PT-2 | 雨 | どうする | PT-2？ |

それはいいですね。でも、雨の場合はどうするのですか？

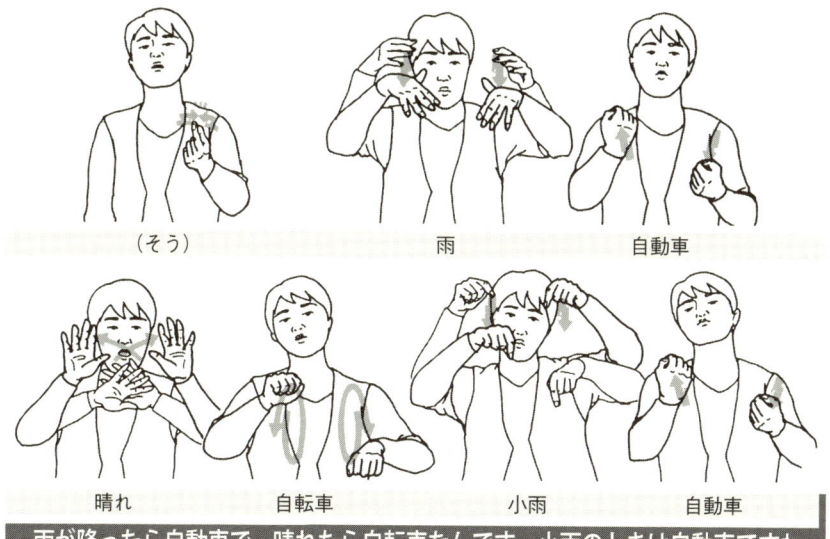

| （そう） | 雨 | 自動車 |
| 晴れ | 自転車 | 小雨 | 自動車 |

雨が降ったら自動車で、晴れたら自転車なんです。小雨のときは自動車ですね。

145

TOPIC 7

通勤・通学

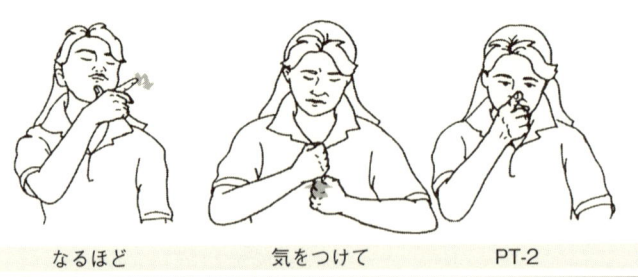

| なるほど | 気をつけて | PT-2 |

そうですか。気をつけてくださいね。

| ありがとう |

ありがとう

Culture Notes ～「問題ない」が「不満」に？

「全然問題ない」というつもりで手話したのに、相手から何度も「すみません」といわれた経験をもつろう者が多くいます。それは、非手指標識が原因です。手話の「問題ない」を意味する非手指標識が、聴者の間ではしばしば「不満だ」という意味をもつ表情としてとらえられるからです。

Culture Notes ～人を呼ぶときのマナー

ろう者が人を呼ぶ方法にはいろいろあります。手招きをする、肩をたたく、机をたたく、足を踏みならす、電灯を点滅させるなどの方法を相手や場所に応じて使い分けます。離れたところの人を呼ぶ場合、呼びたい人の近くに別のろう者がいて目が合えば、その人に頼んで呼んでもらいます。呼びたい人の視界に何か物を投げて気づかせるというのは、失礼です。手招きや肩のたたき方にも、ろう者特有のルールがあるので注意しましょう。

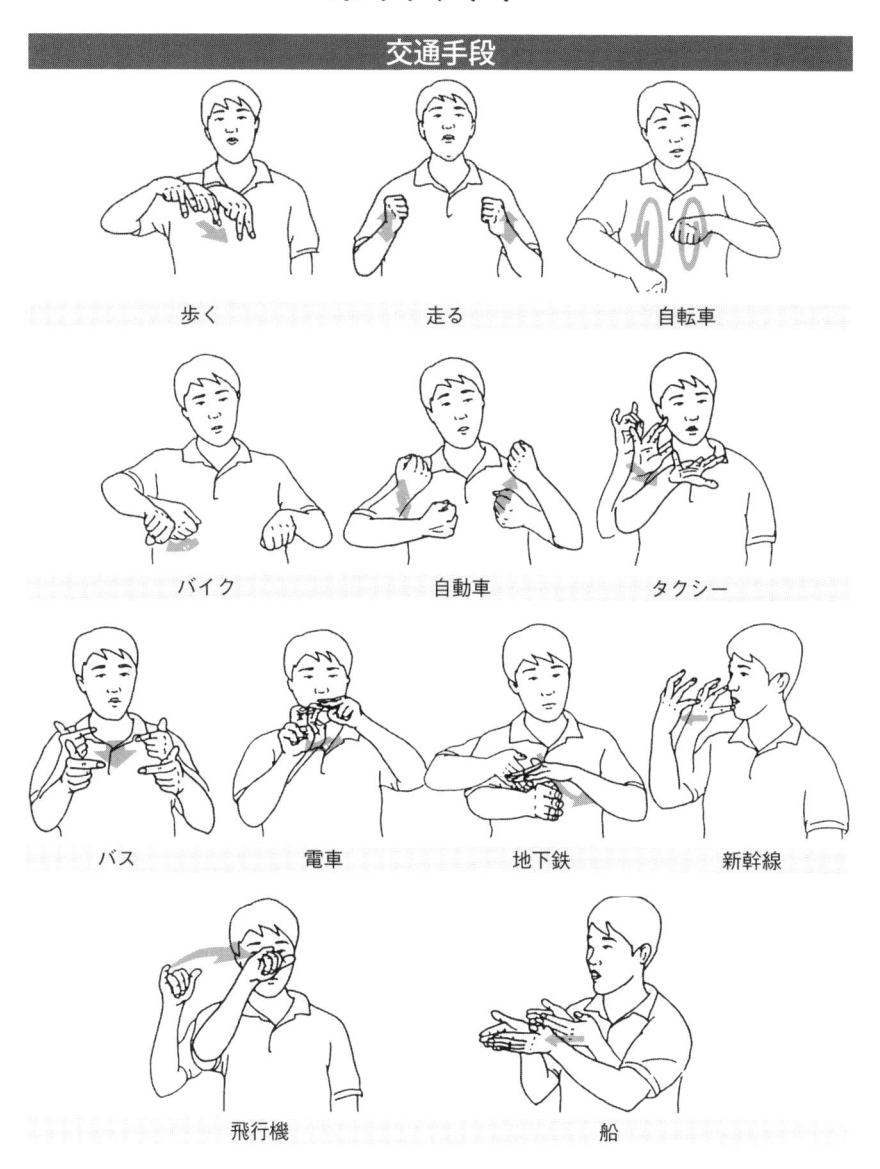

PART 2 手話を実際に学んでみよう

ボキャブラリー

交通手段

歩く　走る　自転車

バイク　自動車　タクシー

バス　電車　地下鉄　新幹線

飛行機　船

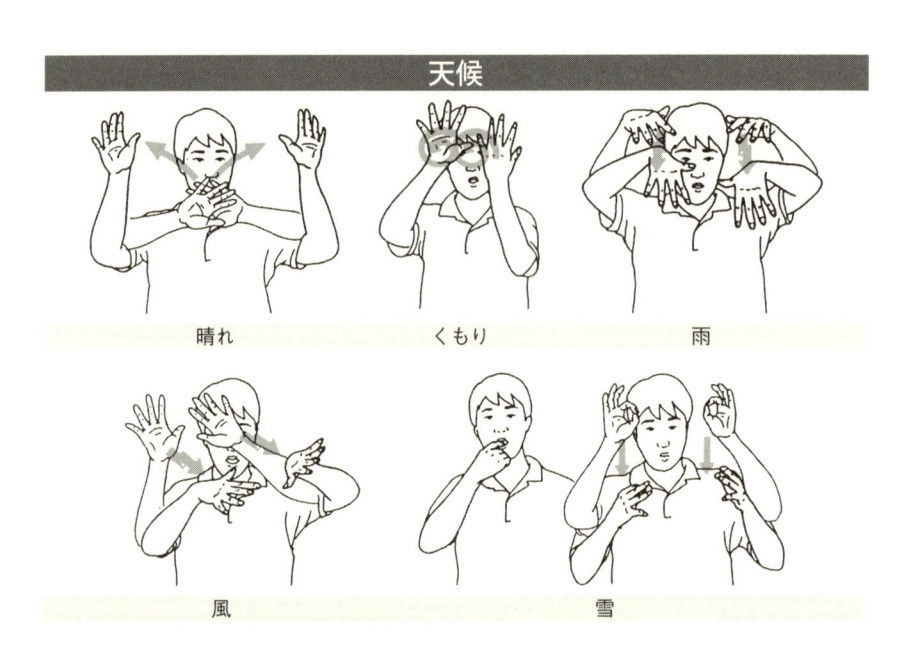

TOPIC 7

通勤・通学

天候

晴れ　　くもり　　雨

風　　雪

そのほか

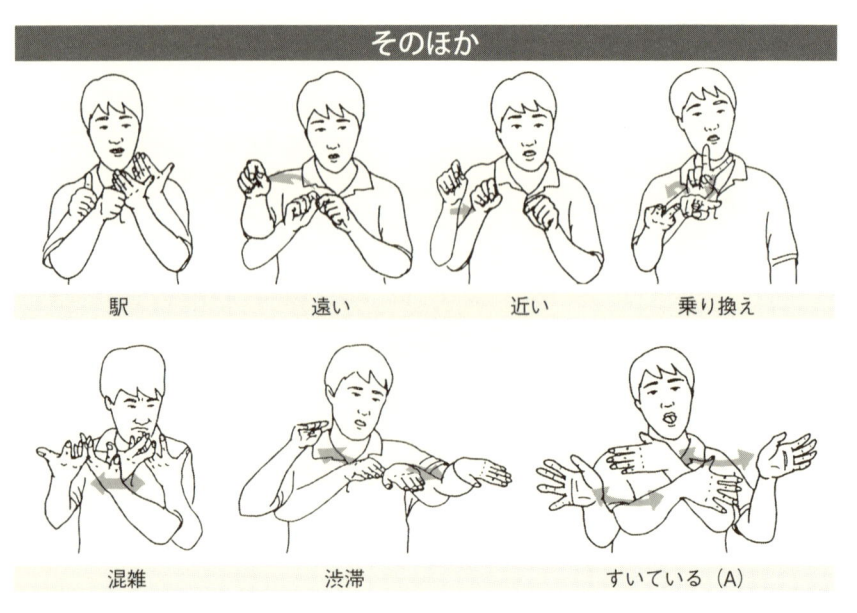

駅　　遠い　　近い　　乗り換え

混雑　　渋滞　　すいている (A)

PART 2

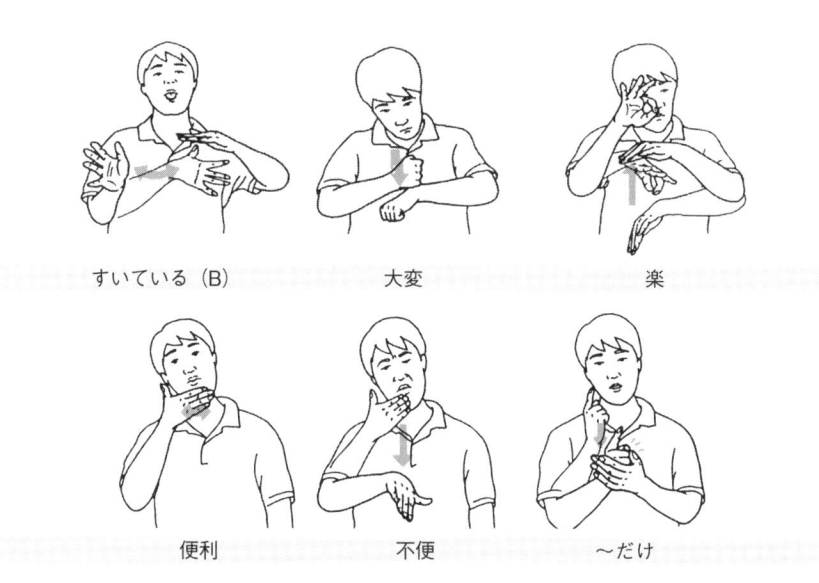

手話を実際に学んでみよう

すいている（B） 大変 楽

便利 不便 〜だけ

あいさつ・応答

気をつけて いいね

疑問詞

どうやって？ どうやって？

TOPIC 8

趣味・スポーツ

────── キーセンテンス ──────

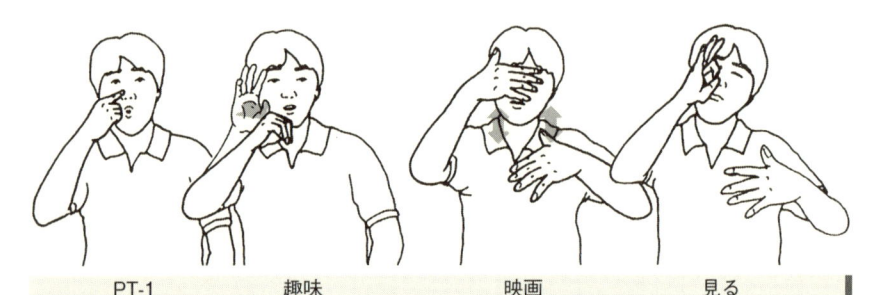

| PT-1 | 趣味 | 映画 | 見る |

私の趣味は映画鑑賞です。

| PT-1 | スケート | できる |

私はスケートができます。

Culture Notes 〜 NHK手話ニュース

　手話でニュースを伝える番組としてNHKの手話ニュースが知られています。手話ニュース放送が始まった当初（1990年）は、ろうのキャスターはいませんでした。現在ではキャスターの約7割をろう者が占めるようになりました。また、日々のニュースを毎日伝える公共の手話番組を放送しているのは、世界では日本だけです。

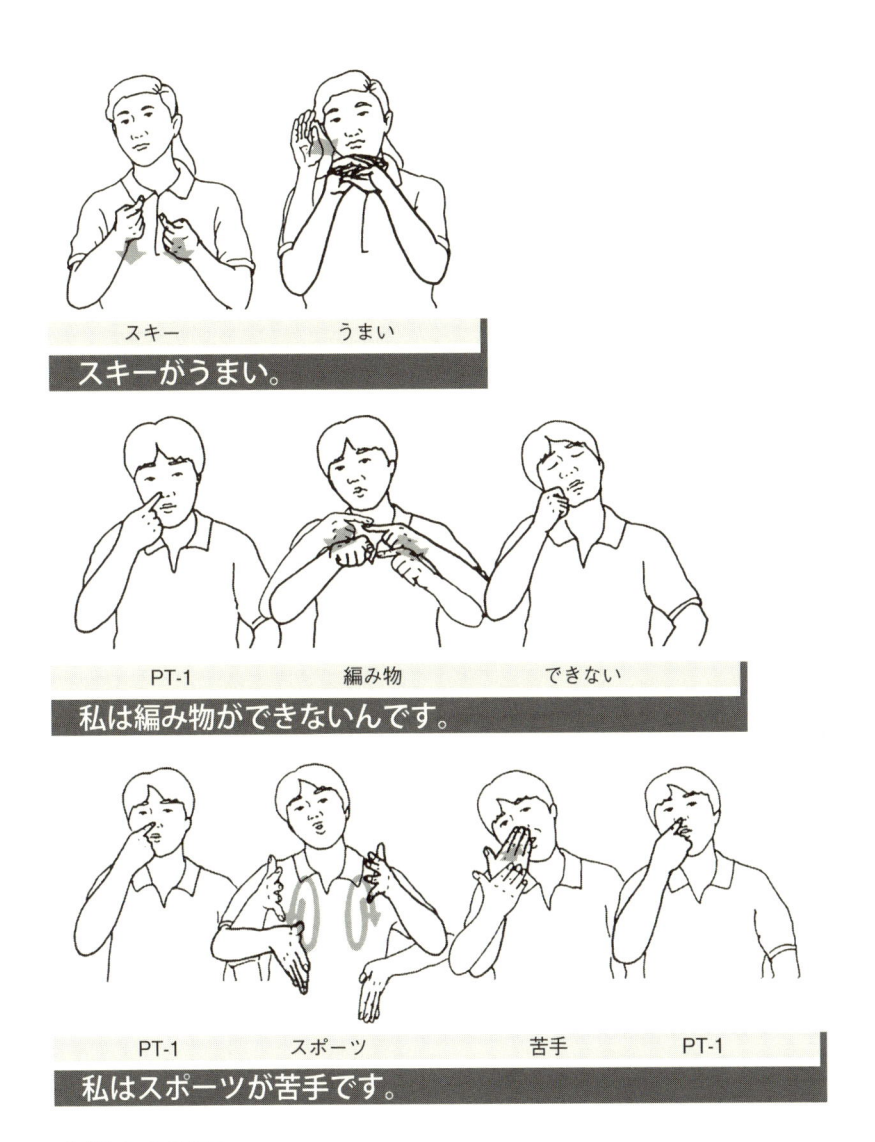

PART 2
手話を実際に学んでみよう

スキー　　　　　うまい
スキーがうまい。

PT-1　　　編み物　　　できない
私は編み物ができないんです。

PT-1　　スポーツ　　　苦手　　　PT-1
私はスポーツが苦手です。

◇能力の表現
　［できる］の否定形は、［できる］に否定の標識をつけるのではなく、［できない］という独自の語を用います。［できない］は［難しい］という形容詞から生まれた語ですが、"発音"が単純化しています。［で

151

TOPIC 8
趣味・スポーツ

きる］［できない］には助動詞としての用法もあり、その場合はさらに"発音"が弱まり、前の動詞と一続きに表現されます。

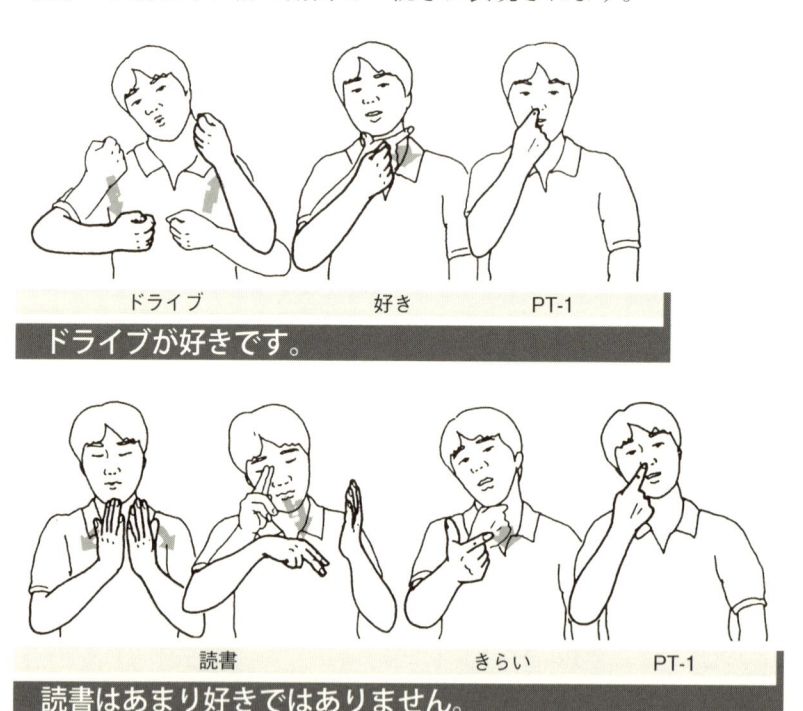

| ドライブ | 好き | PT-1 |

ドライブが好きです。

| 読書 | きらい | PT-1 |

読書はあまり好きではありません。

◇「好き」と「きらい」

日本語では、「好き」の反意語として「きらい」よりも「あまり好きではない」という言い方が好まれる傾向がありますが、手話では［きらい］という単語がそのまま使われます。日本語と手話ではニュアンスが微妙に異なる例のひとつです。

Culture Notes 〜明晴学園

日本手話で教科や日本語の読み書きを教えているのは、2008年に開校した私立の聾学校、明晴学園だけです。いわゆるバイリンガル・バイカルチュラルろう教育を学校全体で行なっているのは日本でただ1校だけです。

| 将来 | ダイビング | したい | PT-1 |

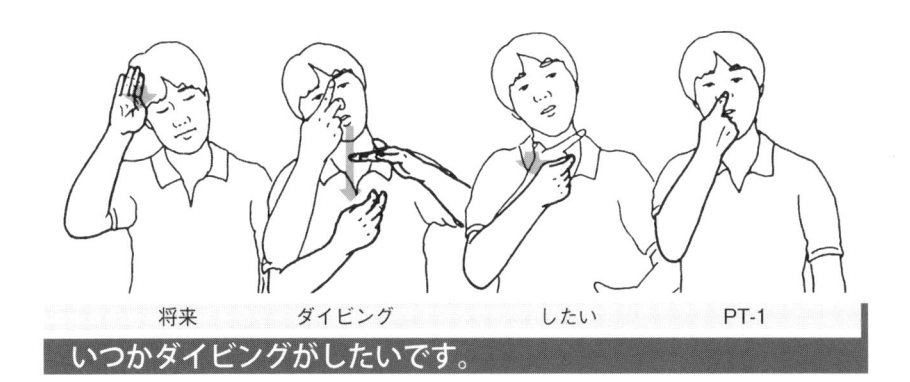

いつかダイビングがしたいです。

◇「好き」と「〜したい」

　［したい］という願望の助動詞は、［好き］という形容詞の助動詞用法であり、語としては同じです。ただし、［できる］［できない］と同様、助動詞として用いられる時には、"発音"が弱まり、前の語（動詞）と一続きに表現されます。

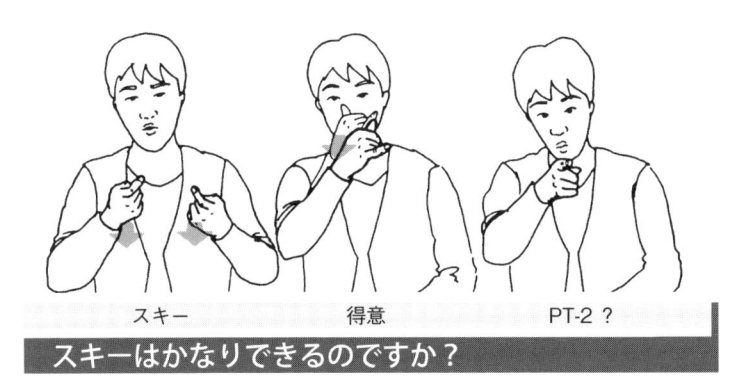

| スキー | 得意 | PT-2？ |

スキーはかなりできるのですか？

◇［得意］の用法（2）

　98ページで［得意］という語が「どうしてそのようなことが起こったのか」という意味で用いられる例を紹介しましたが、ここでは本来的な形容詞として用いられています。

TOPIC 8　趣味・スポーツ

教えてもらう　　　いい
教えてもらったら？

◇**助言と提案の表現**

　日本語の「〜するといい」にあたる「〜・いい」という表現では、[いい]で大きく頷きます。[いい]の後ろに[ちがう]（☞ p.155）を続けて、その位置で顎を引き、イエス／ノー疑問文にすると、「〜するといいんじゃない？」「〜してみたら？」という提案の表現になります。

かまわない　　　よろしく
そうですか？　それじゃ、お願いします。

◇**「かまわない」**

　[かまわない]は、親切な申し出をありがたく受け入れるときにも使われます。日本語の「かまわない」とは意味がずいぶん違うので注意が必要です（☞ p.44）。

PART 2

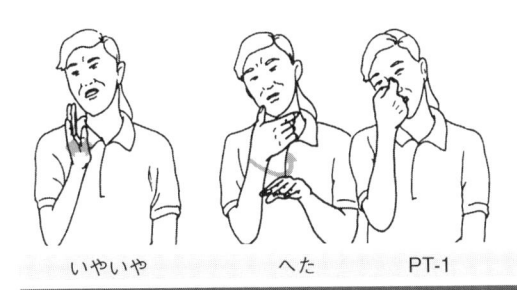

手話を実際に学んでみよう

会 話

PT-2　　宮城　　　　　生まれ

PT-2　　スキー　　得意　　PT-2？

あなたは宮城生まれだから、スキーがかなりできるでしょう？

いやいや　　へた　　PT-1

いや、そうでもないんです。とってもへたなんですよ。

Culture Notes ～笑ってごまかすのはヘン！

　日本の聴者は、何か失敗すると「笑ってごまかす」ことがあると思います。しかし、ろう者は、笑い飛ばすことはあっても「笑ってごまかす」ことはないので、笑ってごまかそうとしているのを見ると、「真剣にやれ！」といいたくなります。そういう意味では、ろう者は外国人と同じなのかもしれませんね。

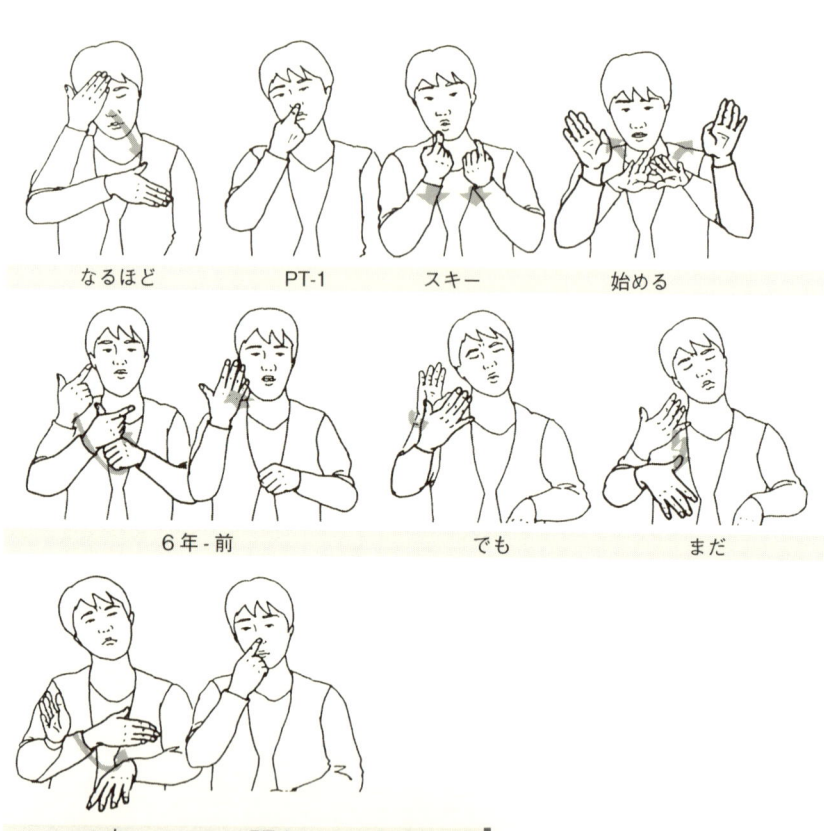

TOPIC 8

趣味・スポーツ

なるほど　PT-1　スキー　始める

6年-前　でも　まだ

へた　PT-1

あれ、そうなの。私は6年前にスキーを始めたけど、まだへたなんだ。

Culture Notes 〜障害者権利条約

　2006年の国連総会で「障害者権利条約」が採択されました。この条約に「手話は言語である」ことが書かれました。日本は7年後の2013年12月に国会で条例の批准が承認され、明けて1月20日に批准書を国連に寄託しました。国内では、障害者基本法の改正（2011年）により、同法3条に「言語（手話を含む）」と明記されました。

PART 2

手話を実際に学んでみよう

| PT-1 | 兄 | スキー | うまい | PT-3 |

| 今度 | 教えてもらう | いい | PT-2 | 同じ？ |

私の兄はスキーがとってもうまいんですよ。
今度、兄に教えてもらったら？

| かまわない | よろしく‐お願いします |

そうですか？　それじゃ、お願いします。

Culture Notes 〜窓越しに会話できる

駅のホームで電車の窓越しに自由に会話できるのは、ろう者の特権でしょう。ダイビング中でも、海の中で、特別な道具なしにある程度会話ができます。暗いところだって、月明かりくらいの明るさがあれば大丈夫です。

157

TOPIC 8

趣味・スポーツ

ボキャブラリー

趣味

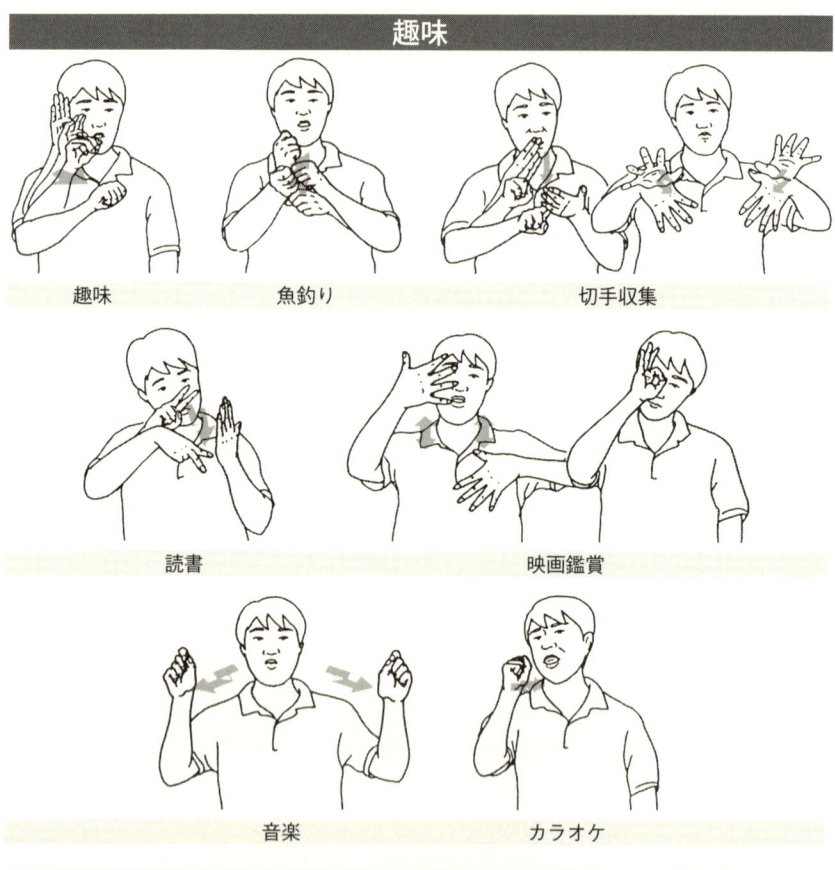

趣味　　　魚釣り　　　切手収集

読書　　　映画鑑賞

音楽　　　カラオケ

スポーツ

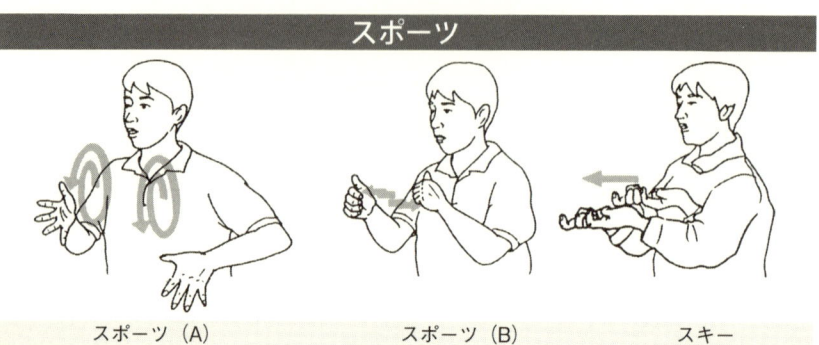

スポーツ（A）　　スポーツ（B）　　スキー

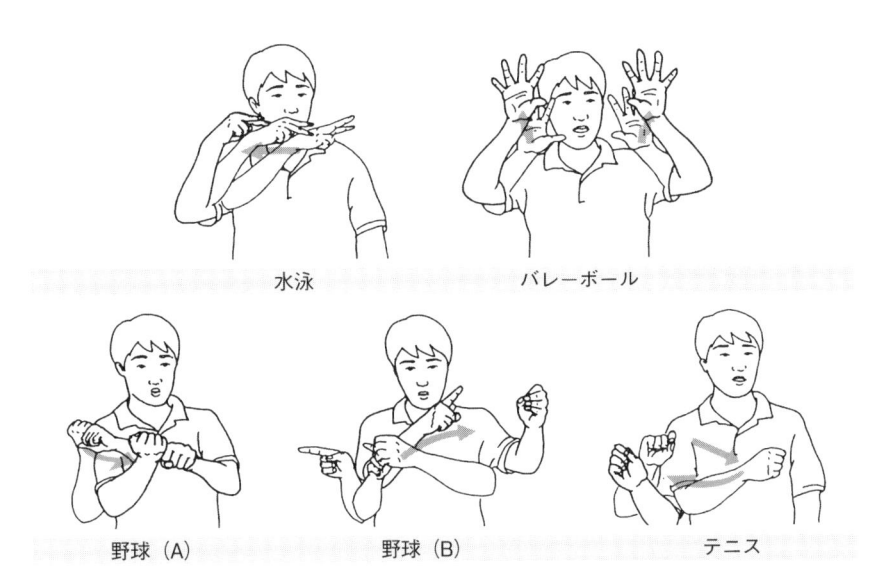

PART 2

手話を実際に学んでみよう

水泳　　　　　　　　　バレーボール

野球（A）　　　野球（B）　　　テニス

そのほか

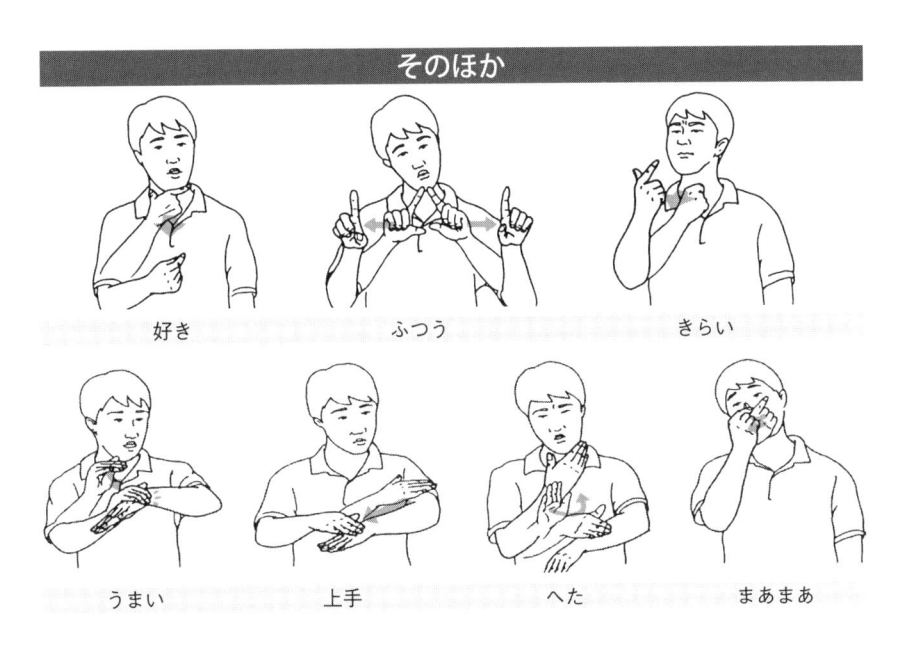

好き　　　　　ふつう　　　　きらい

うまい　　　上手　　　へた　　　まあまあ

159

TOPIC 8

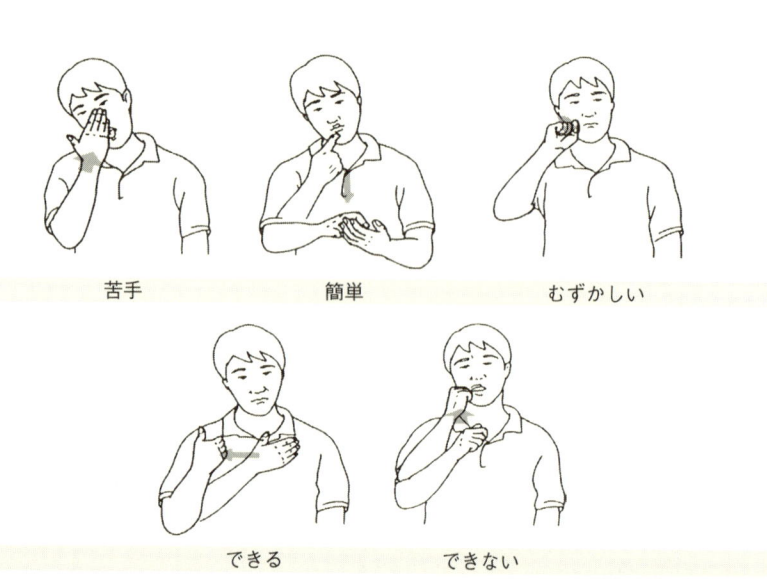

趣味・スポーツ

苦手　　　簡単　　　むずかしい

できる　　　できない

助言・応答

〜ちがう？　　　かまわない

Culture Notes 〜あるコーダの失敗

　コーダはバイリンガル・バイカルチュラルな人に育ちますが、失敗もかなりあるようです。あるコーダ女性は、入社したばかりのころ、上司の話をまじめに聞こうとして、「そんなに見つめないでくれ」といわれたことがあるそうです。また別のコーダ男性は、「ひょっとして私のことを好き？」と女性に誤解されたことがあるとのこと。コーダは、誰に対しても相手の顔をじっとみながら会話する傾向にあるのかもしれませんね。

TOPIC 9

旅行

・・・・・・・・・・・・・・ キーセンテンス ・・・・・・・・・・・・・・

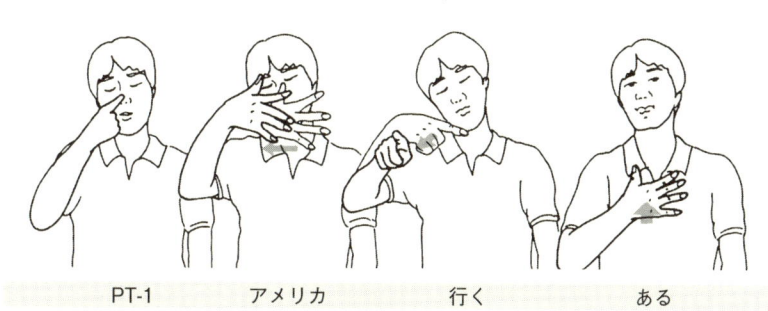

| PT-1 | アメリカ | 行く | ある |

PT-1

私はアメリカへ行ったことがあります。

Culture Notes 〜ろう者も旅行は好き

　旅行好きのろう者もたくさんいます。たった1人で気の向くままヨーロッパ中を旅した女性もいます。海外のろう者との出会いも楽しみのひとつ。その国のろう学校やろう者協会の事務所を訪ねることもあれば、町で現地のろう者に声をかけられることもあります。

TOPIC 9　旅行

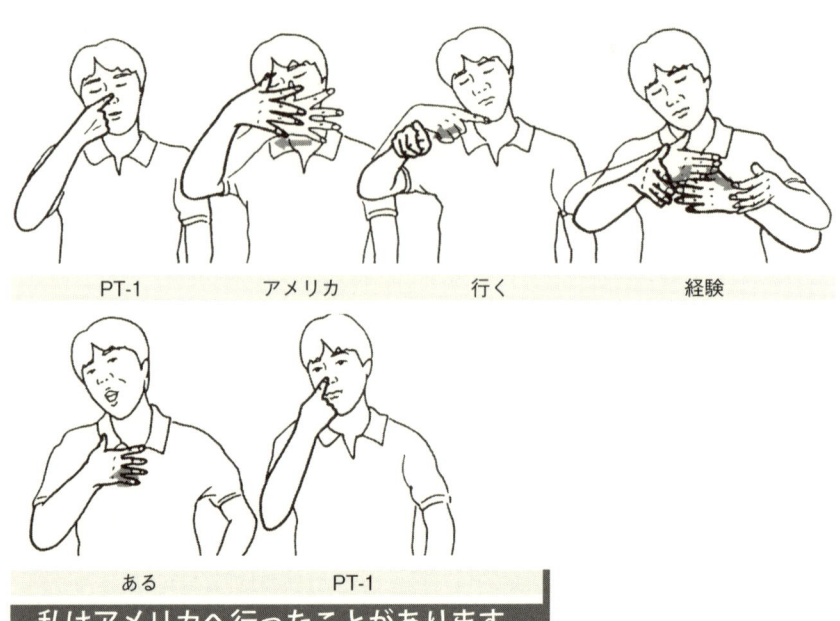

PT-1　アメリカ　行く　経験

ある　PT-1

私はアメリカへ行ったことがあります。

◇経験の表現

　日本語の「〜したことがある」にあたります。［ある］の前の単語で顎を引き（移動）、もどしてから［ある］を表現します。これは、［ある］の前の部分が補文であることを示しています（☞p.38）。なお、上の文の［ある］は、1人称にのみ使われる単語です。2人称、3人称には、次のページの［ある］が使われます。

Culture Notes 〜ドアは開けておく

　ろう者は、ドアが閉まっていると中に入りにくいものです。ろう協会等の事務所では、たいていドアは開けられています。ドアが閉められているのは、出入り不可と解釈するのです。ノックする習慣のないろう者は、ドアは出入りができるように開けておくか、ガラス窓の入っているドアを設置します。

PART 2

手話を実際に学んでみよう

| 北海道 | 行く | PAST | PT-2？ |

北海道に行ったことがありますか？

| 北海道 | 行く | ある | PT-2？ |

北海道に行ったことがありますか？

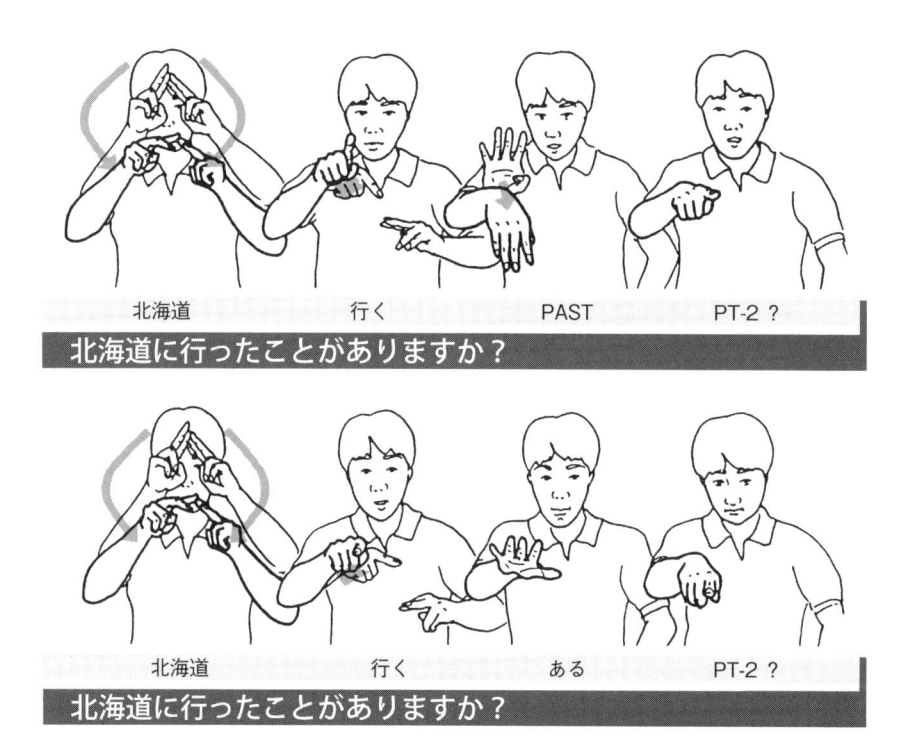

◇経験の表現（疑問文）

　疑問文の中に補文が含まれる場合には、顎を引く非手指標識（移動）は現れません。また、上のほうの文のように、過去時制の標識［PAST］を使った文も、経験を問う表現として解釈される場合があります。

Culture Notes 〜ホテルの部屋のドア

　最近のホテルの部屋はたいていオートロックになっています。ドアが少し開いている部屋があれば、それはろう者の部屋かもしれませんね。スリッパをドア・ストッパー代わりにする時もあります。ただ、海外では不用心になります。海外で、ホテルの従業員から気をつけるようにいわれたろう者もいます（←著者のひとりです）。

TOPIC 9　旅行

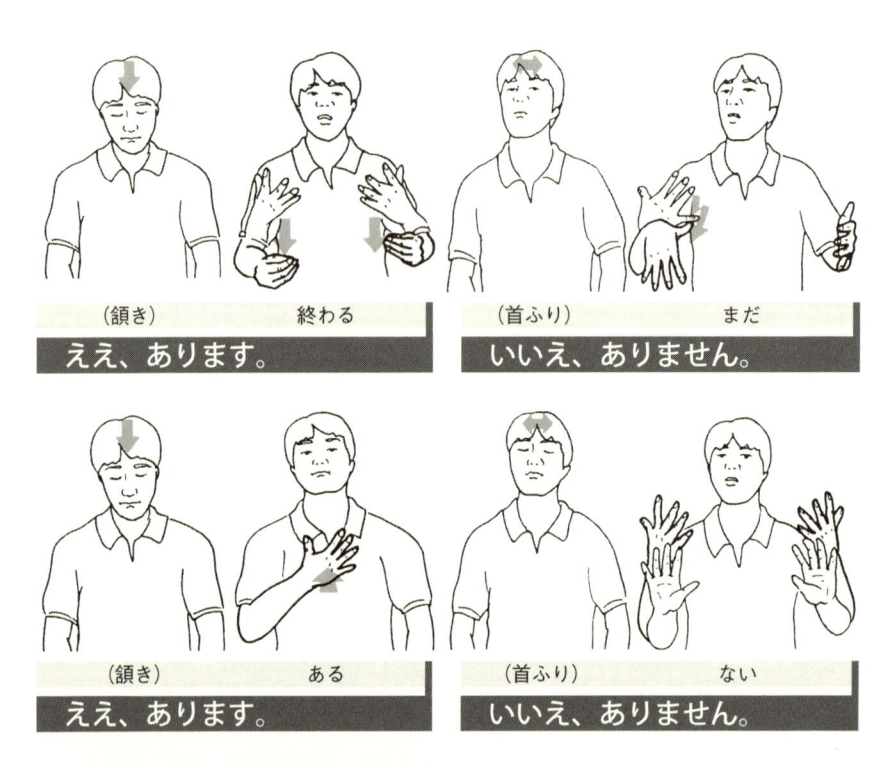

（頷き）　終わる	（首ふり）　まだ
ええ、あります。	いいえ、ありません。

（頷き）　ある	（首ふり）　ない
ええ、あります。	いいえ、ありません。

◇経験の表現（質問に対する答え）

　経験を問う質問に対する答え方です。「終わる／まだ」と、「ある／ない」という、2通りの答え方があります。それぞれ、イエスの場合は頷き、ノーの場合は首ふりが伴います。

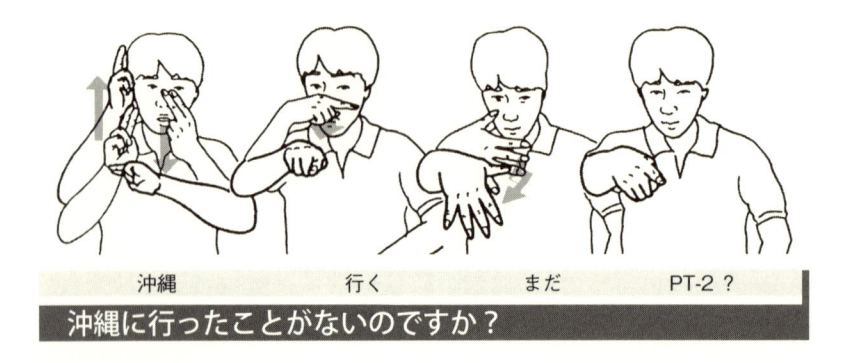

沖縄　　　行く　　　まだ　　　PT-2？
沖縄に行ったことがないのですか？

PART 2

手話を実際に学んでみよう

| 沖縄 | 行く | ない | PT-2？ |

沖縄に行ったことがないんですか？

◇経験の表現（否定疑問文）

　否定形を使った疑問文には、通常のイエス／ノー疑問文の非手指標識が伴う場合と、それに否定の非手指標識である首ふりが加わる場合があります。

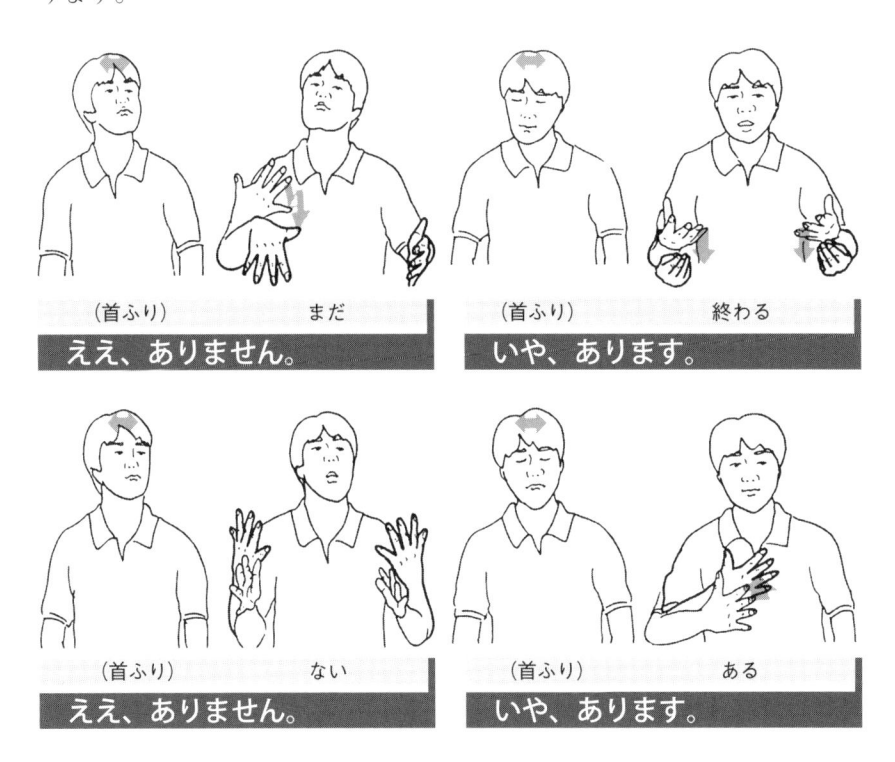

| （首ふり） | まだ | （首ふり） | 終わる |

ええ、ありません。　　**いや、あります。**

| （首ふり） | ない | （首ふり） | ある |

ええ、ありません。　　**いや、あります。**

165

TOPIC 9　旅行

◇経験の表現（否定疑問文に対する答え）

　否定疑問文に対して、日本語でいえば「ええ、ありません」と答えるような場合、手話では、頷きなしに文頭から首をふる場合が多いです。非手指標識のみの返答では、日本語では「ええ」というべき場面で、首をふることになりますから、とくに注意が必要です。英語の「No」に似ていますね。イラストからもわかるように、英語の「No」タイプの首ふりと、日本語の「いいえ」タイプの首ふりは、顎の位置が異なります（前者が「上」、後者が「下」になっています）。

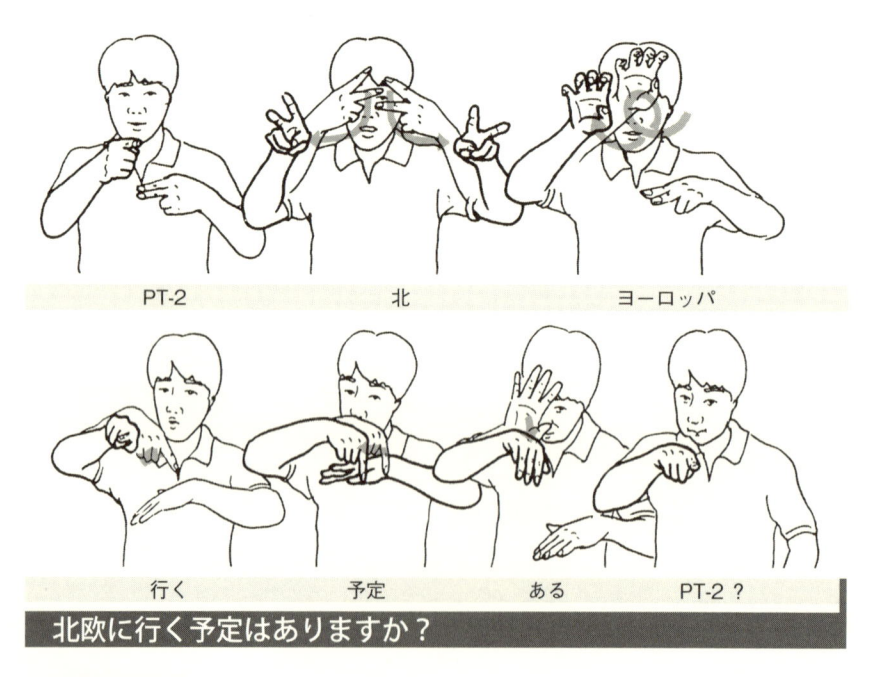

| PT-2 | 北 | ヨーロッパ |

| 行く | 予定 | ある | PT-2？ |

北欧に行く予定はありますか？

◇予定の表現

　予定の表現には、同じ［予定］という単語を用いたいくつかの表現があります。上にあげたのは、［予定］が名詞の場合ですが、このほか、補文をとるタイプや助動詞にあたる表現もあります。後者に向かうほど、予定というよりも意図の表現に近づきます。

PART 2

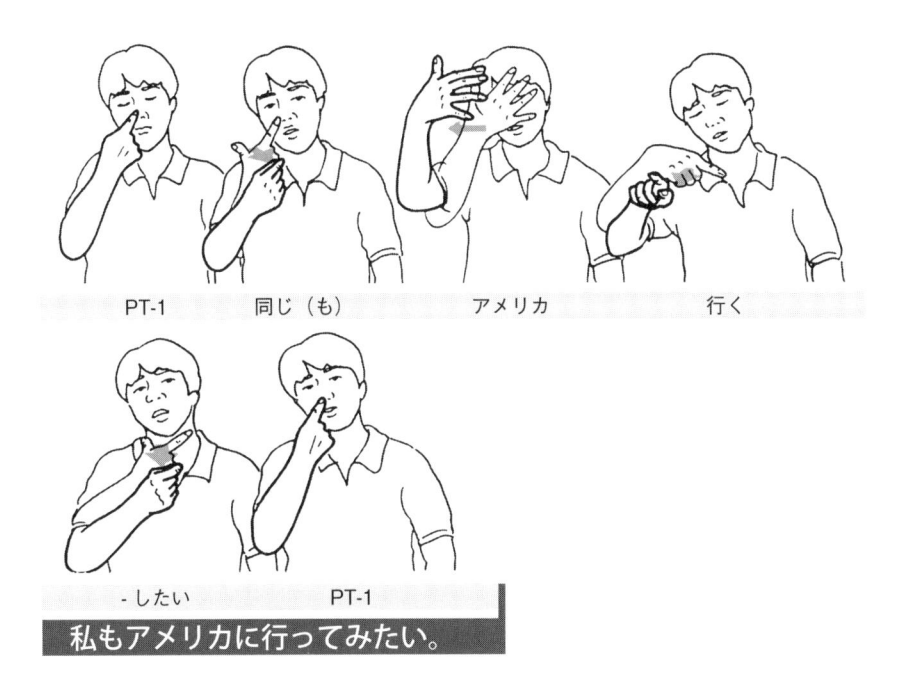

手話を実際に学んでみよう

PT-1　　同じ（も）　　アメリカ　　行く

-したい　　PT-1

私もアメリカに行ってみたい。

◇「〜も」にあたる表現

　[同じ]という手話は、片手で表現すれば指文字の「も」と同じ形になりますが、日本語の「〜も」にあたる表現に使われます。

Culture Notes 〜ろうの手話通訳者

　ろう者の世界では国際交流が盛んです。4年に一度の世界ろう者会議や、デフリンピック（ろう者版オリンピック）もあります。世界各国の手話は違っていますので、会議などでは、手話のバイリンガルであるろうの手話通訳者も活躍します。手話通訳は聴者だけの仕事ではないのです。

TOPIC 9

旅行

| 来年 | 夏 | ギ | -リ | -シ |

| -ア | 行く | 思う |

来年の夏、ギリシャに行こうと思っています。

◇**意図の表現**

　[思う] を用いた意図の表現（「〜しようと思う」）です。[思う] の前の動詞で、顎を前方に突き出し、目を閉じます。[思う] にはさまざまな用法があり、それらが非手指標識によって区別されていることに注意しましょう。

Culture Notes 〜ろう者のネットワークは全国規模

　全国各地からろう者が集まる催しとして、一般財団法人全日本聾唖連盟（会員数約2万1000人）の主催する「全国ろうあ者大会」があります。会場は、旧交を温めうるろう者、そして初対面でも旧知の間柄のようにおしゃべりに興ずるろう者であふれかえります。ろう者のネットワークは全国規模なのです。

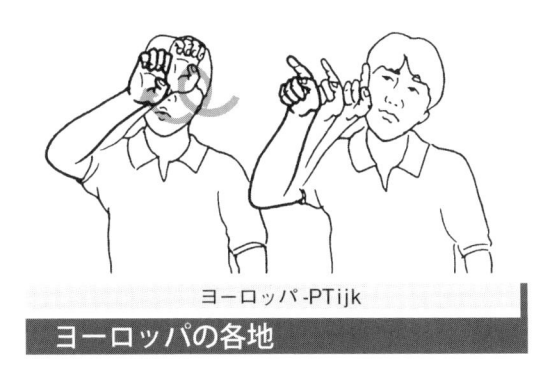

PART 2

手話を実際に学んでみよう

ヨーロッパ-PTijk

ヨーロッパの各地

◇「〜各地」にあたる表現

　空間の図式的利用のひとつで、地図をイメージし、その地図上の任意の点をいくつか指さすことで、「各地」にあたる表現となっています。

Culture Notes 〜トイレに閉じ込められたら

　スウェーデンのろう学校を見学していたろう者がトイレに閉じ込められました。鍵があかなくなったのです。そのトイレのドアには隙間がなく、中にいるろう者と連絡できません。同行の聴者は右往左往しているだけでしたが、事態を知ったろう者はすかさずドアノブをがちゃがちゃ回し、救出の意思があることを伝えました。中にいたろう者もがちゃがちゃ回し、安心したと伝えました。不測の事態が起きたら、最初に何をすべきなのか心得ているのもろう者同士ならではのことですね。

TOPIC 9

旅行

・・・・・・・・・・・・・・・・・・・・・ 会 話 ・・・・・・・・・・・・・・・・・・・・・

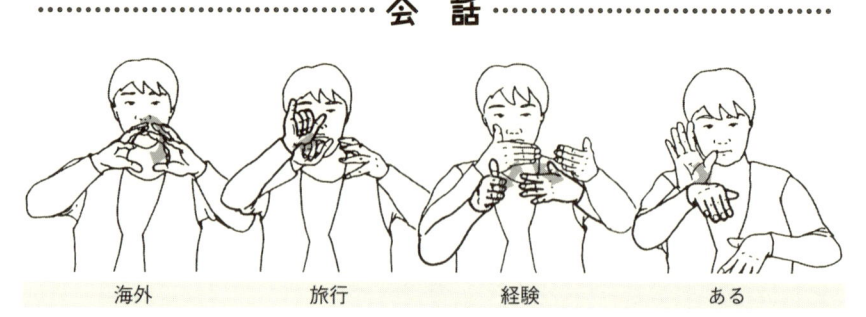

海外　　　　旅行　　　　経験　　　　ある

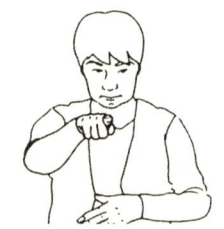

PT-2?
海外旅行に行ったことはありますか？

何回か　　　ある
ええ、何回か行ったことがあります。

Culture Notes 〜フィンランドで見たものは……

　フィンランドは北極点近くの名も知らぬ小さな町にはるばるたどり着いた、あるろうの女性。町のろう者協会の事務所を探しあて、ホームステイ先を紹介してもらいました。その家のろう者が見せてくれたアルバムに、なんと日本の友人の顔が。彼女は手話でつぶやきました。「ろう者の世界は狭い……」。

PART 2

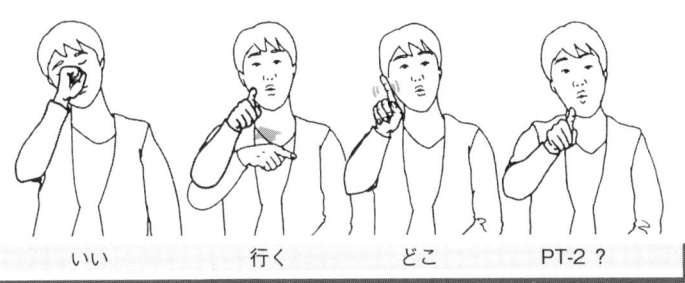

手話を実際に学んでみよう

| いい | 行く | どこ | PT-2？ |

それはいいですね。どこに行かれたのですか？

| まず | アメリカ | ヨーロッパ | 中国 |

| 韓国 | いい | PT-3 |

最初にアメリカに行って、それからヨーロッパと中国、韓国……。よかったですよ。

Culture Notes ～手話は世界共通ではない

　聴者によく聞かれることのひとつに「手話は世界共通ですか？」という質問があります。手話は、音声言語と同じように、地域が異なれば、手話も異なります。方言手話も存在するし、世代によって手話も微妙に異なったりします。同じ英語圏でも、アメリカとイギリスでは、それぞれアメリカ手話、イギリス手話が話されていて、そのふたつの手話は、全く異なるのです。

TOPIC 9 旅行

| PT-2 | お金 | 得意 | PT-2？ |

よく、そんなにお金がありますね。

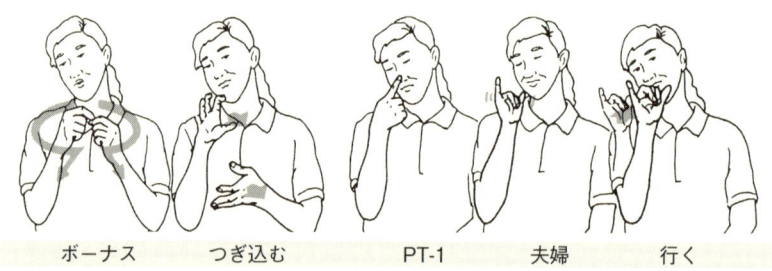

| ボーナス | つぎ込む | PT-1 | 夫婦 | 行く |

| PT-1 |

ボーナスから出すんですよ。夫婦で行くんですよ。

Culture Notes 〜ろう者の運転はこわい？

「ろう者の運転はこわい」と、聴者はよくいいます。ろう者は運転しながら、手話で助手席の人と話したり、バックミラーを通して後部座席の人とおしゃべりしたりするからです。手話は片手がふさがっていても、もう一方の手だけで話せます。手話を見るのも、視野のすみにわずかに映っていれば、大丈夫。運転しながら手話で話すことは難しいことではないのです。ただ、手話の学習を始めたばかりの聴者の方には、あまりおすすめしませんが。

PART 2

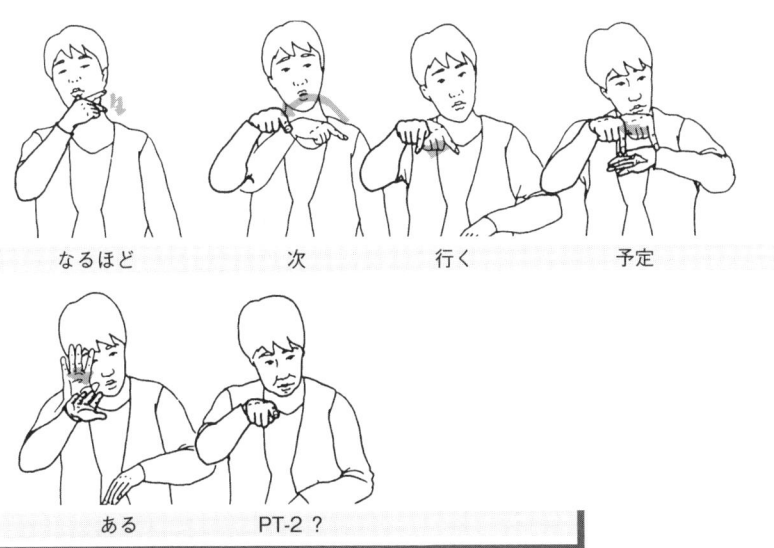

手話を実際に学んでみよう

なるほど　　　　次　　　　行く　　　　予定

ある　　　　PT-2？
そうですか。また行く予定はあるんですか？

ある　　　　来年　　　　夏　　　　ギ-リ-

シ-ア　　　　行く　　　　思う
ええ、来年の夏にギリシャに行こうと思っています。

TOPIC 9

旅行

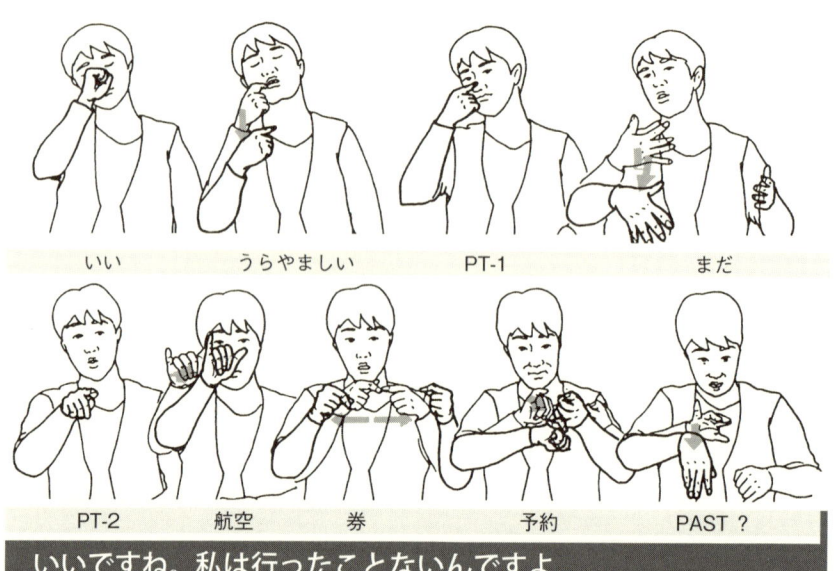

いい　　うらやましい　　PT-1　　まだ

PT-2　　航空　　券　　予約　　PAST？

いいですね。私は行ったことないんですよ。
ところで航空券はもう予約したんですか？

まだ　　これから

いいえ、まだです。これからです。

Culture Notes 〜デフジョーク・怪談

　欧米のろう者はデフ・ジョークが好きですが、日本のろう者は怪談で盛り上がります。ろう者の話す怪談には、手話で話す幽霊がでてきます。考えてみれば、あの世に行っても、ろう者は手話で話しているに違いありませんね。

PART 2

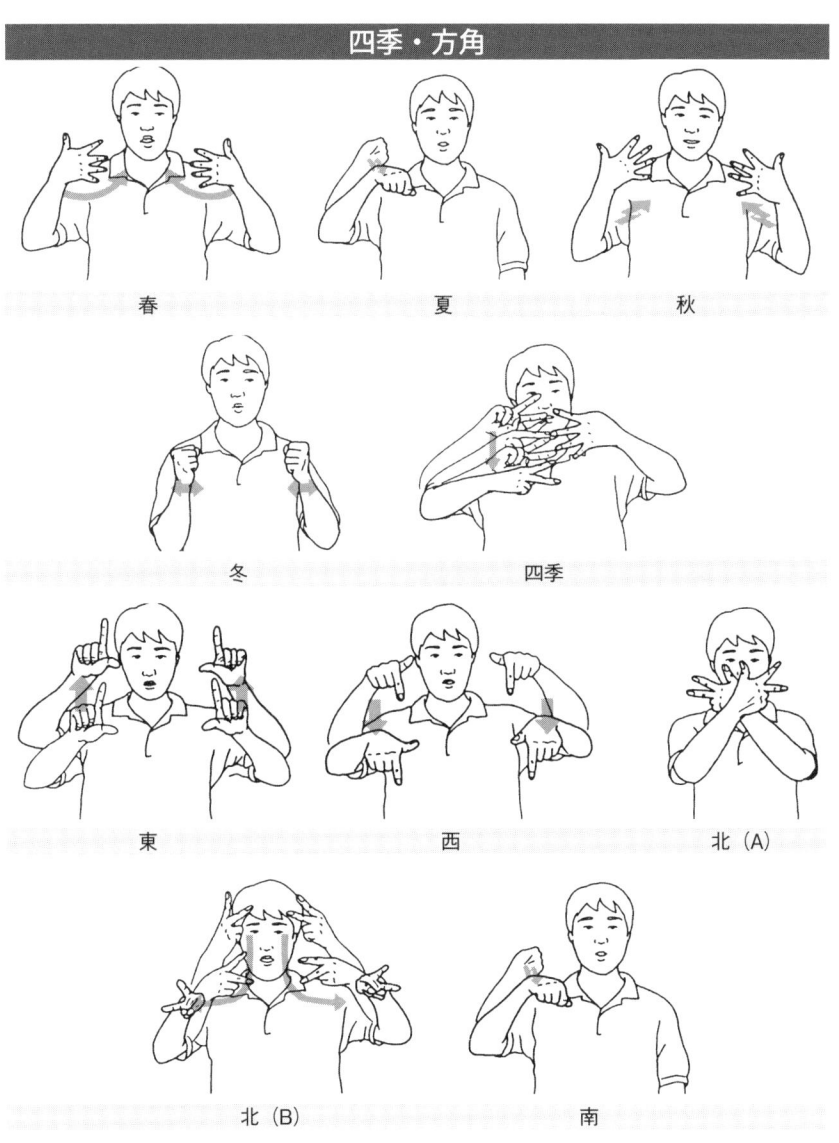

手話を実際に学んでみよう

ボキャブラリー

四季・方角

春　　夏　　秋

冬　　四季

東　　西　　北（A）

北（B）　　南

175

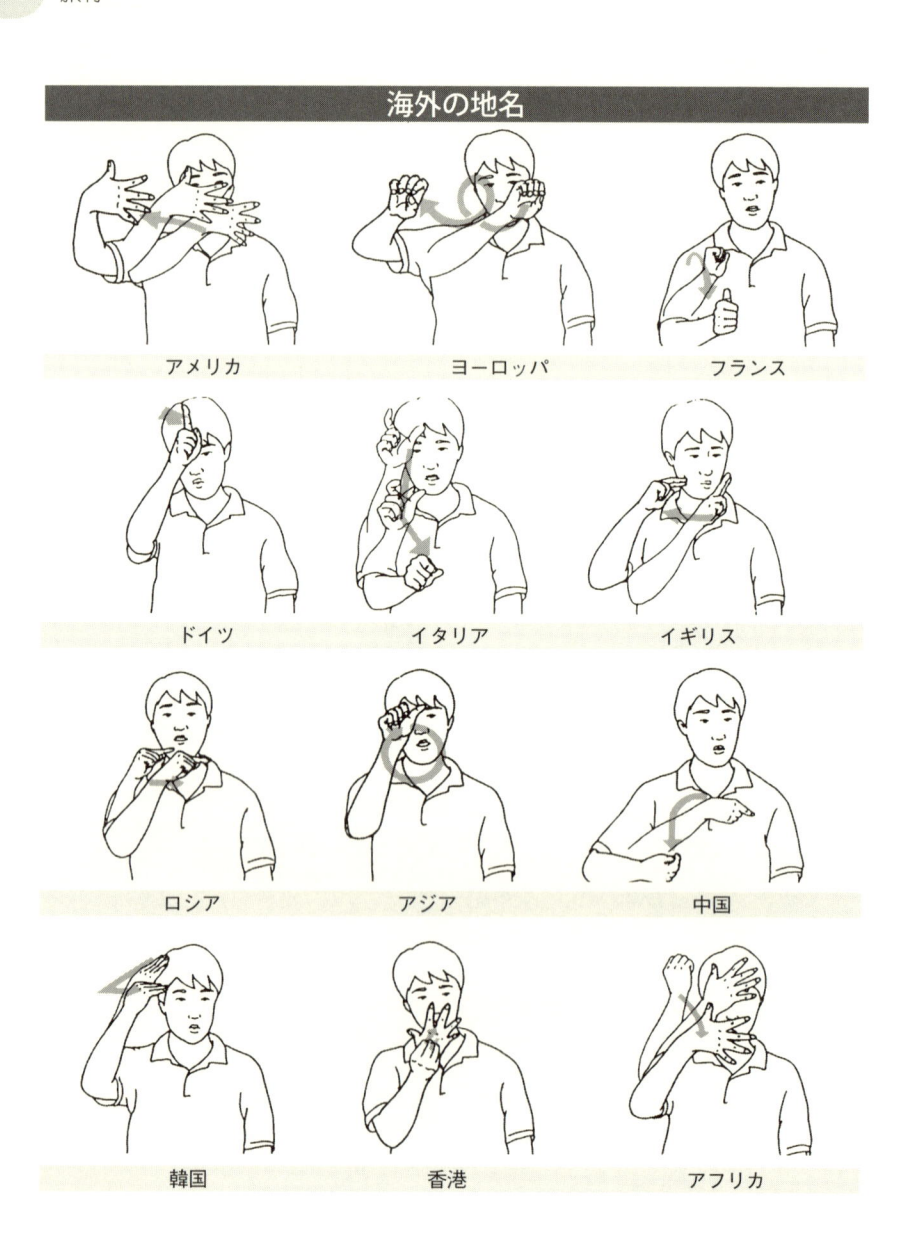

TOPIC 9

旅行

海外の地名

アメリカ	ヨーロッパ	フランス
ドイツ	イタリア	イギリス
ロシア	アジア	中国
韓国	香港	アフリカ

PART 2

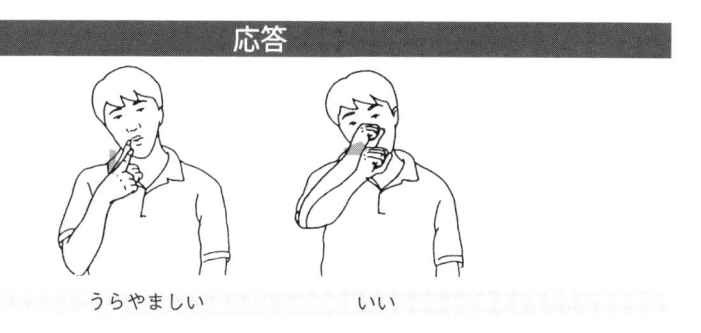

手話を実際に学んでみよう

そのほか

| 経験 | 予約 | 予定 |

| 航空券 | ボーナス |

| 費用（金） | 思う | まず |

応答

| うらやましい | いい |

TOPIC 10

嗜好品

―――― キーセンテンス ――――

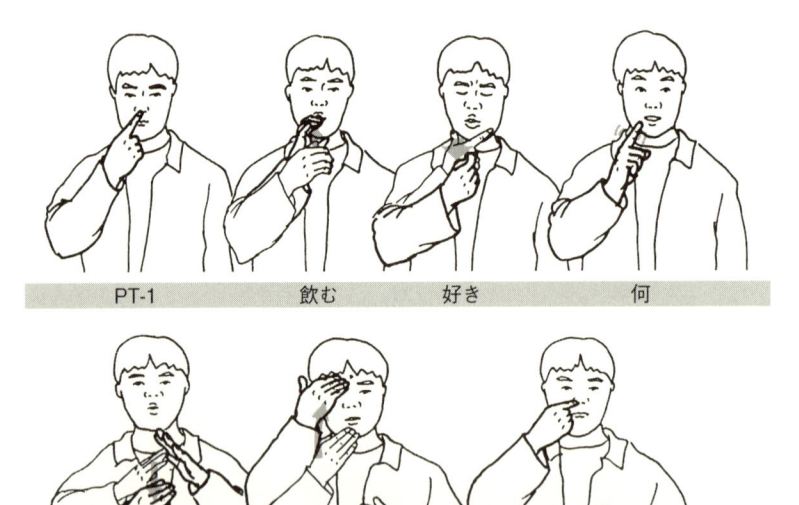

| PT-1 | 飲む | 好き | 何 |

| | ワイン | | PT-1 |

お酒の中で好きなのはワインです。

◇ WH 分裂文（修辞疑問文）

「飲むのが好きなのは何かといえばワインです」という構造をもつWH 分裂文（修辞疑問文）です。直訳の日本語ほど大げさな表現ではなく、ごく一般的な表現であることはこれまで紹介してきたとおりです。

PART 2

手話を実際に学んでみよう

PT-1　　タバコ　　たまに

タバコはそれほど吸いません。

時々　　友だち　　会う　　だけ

飲む　　PT-1

時々ですね。飲むのは友だちと会う時ぐらいです。

◇**頻度の副詞**

　［たまに］［時々］［いつも］などの頻度を表現する副詞は、文頭か文末（文末の指さしがある場合はその直前）に置かれます。文末の場合には、直前の動詞で顎をひき、もとにもどしてから表現されます（「〜するのがいつものことです」のような、ある種の補文構造なのだと考えられます）。

TOPIC 10 嗜好品

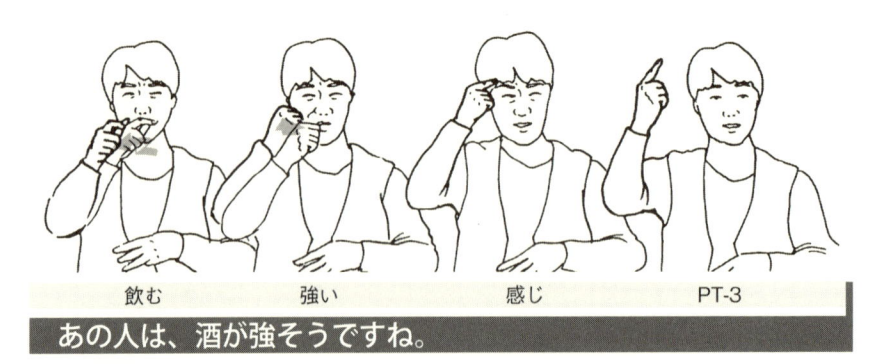

飲む　　強い　　感じ　　PT-3

あの人は、酒が強そうですね。

◇ **推量の表現**

　［思う］という語が蓋然性の助動詞として用いられた例のひとつです（☞ p.71）。「感じ」という口型（マウジング）を伴っています。眉のひそめ方や首のかしげ方だけでなく、口型も重要な役割を果していることがわかります。口型は日本語からの借用ですが、ここでも日本語における意味と必ずしも同じというわけではないので、注意が必要です。

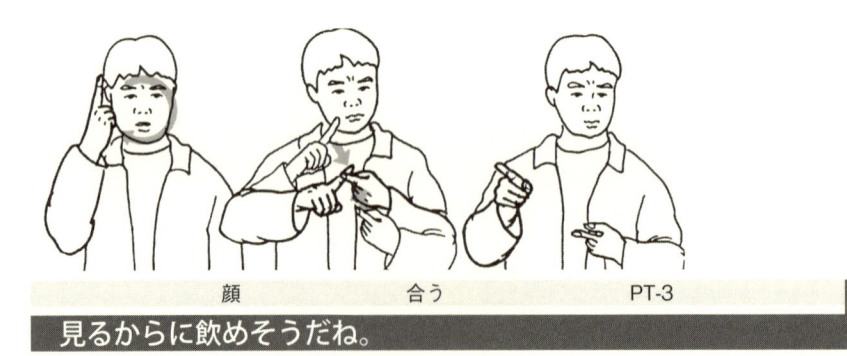

顔　　合う　　PT-3

見るからに飲めそうだね。

◇ **「見るからにそんな感じだね」**

　［顔・合う］は慣用句（☞ p.45）の一種で、「見るからにそんな感じ」という意味です。逆に［顔・合わない］（会話参照。☞ p.185）だと、「見かけによらない」という意味になります。

手話を実際に学んでみよう

PT-1　　　コーヒー　　　砂糖　　　　必要

PT-1

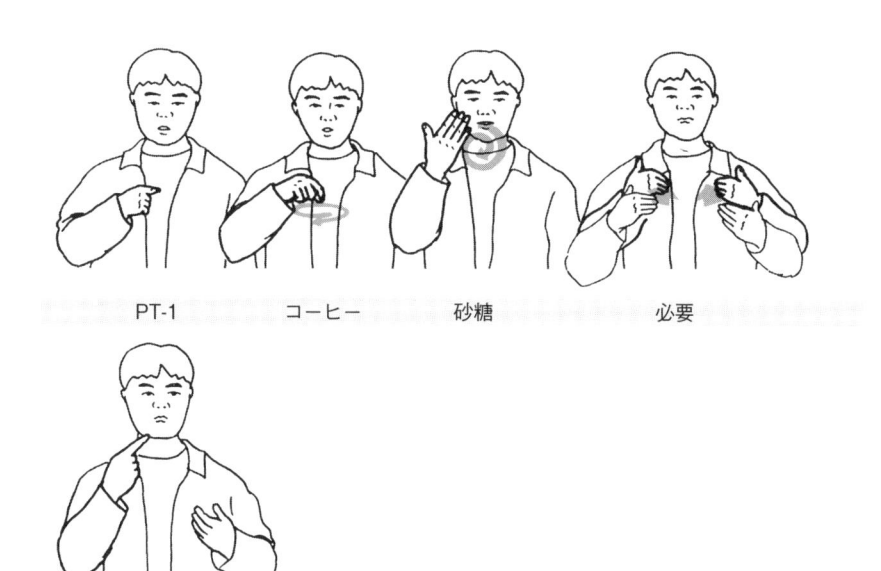

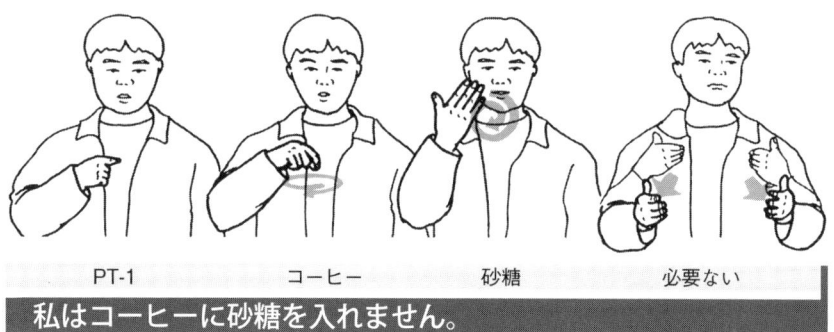

私はコーヒーに砂糖を入れます。

PT-1　　　コーヒー　　　砂糖　　　必要ない

私はコーヒーに砂糖を入れません。

◇**必要の表現**

　日本語の「いる」「いらない」にあたる表現です。［必要］［必要ない］にも助動詞用法があり、動詞に続いて用いられると、「～しなければならない」「～しなくてもよい」にあたる表現になります。

TOPIC 10

嗜好品

・・・・・・・・・・・・・・・・ 会　話 ・・・・・・・・・・・・・・・・

飲める　　　　　　　　　　　　PT-2？

酒は飲めるの？

PT-1　　　飲める　　　　　　PT-1　　　好き

何　　　　　　ワイン　　　　　　PT-1

ええ、飲めますよ。お酒の中で好きなのはワインですね。

Culture Notes ～「すみません」ではなく「ありがとう」

　みなさんは落し物を拾ってもらったときや席を譲ってもらったときには「すみません」というのではないでしょうか。ろう者は、そういう時は〈ありがとう〉といいます。手話で〈すみません〉というと怪訝な顔をされますので、気をつけましょう。

182

PART 2

手話を実際に学んでみよう

なるほど　酒　いつも　飲む

PT-2 ?

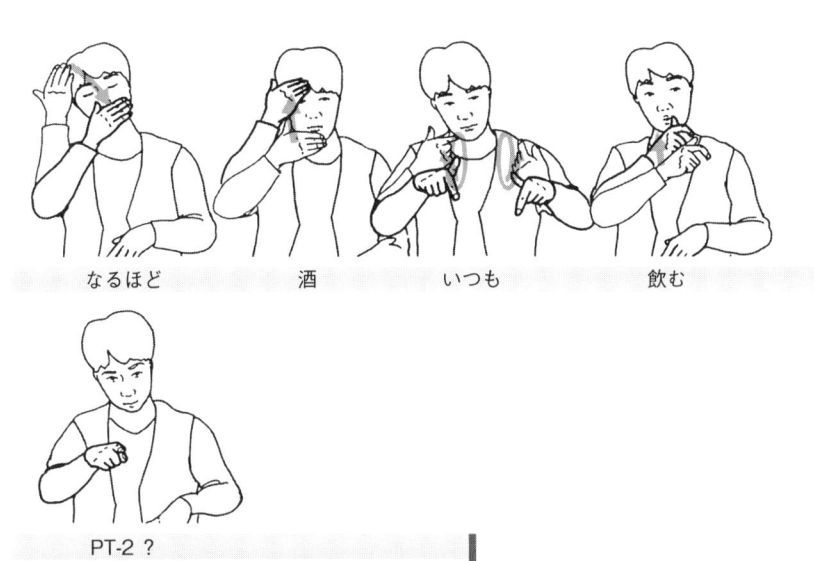

そうですか。よく飲むのですか？

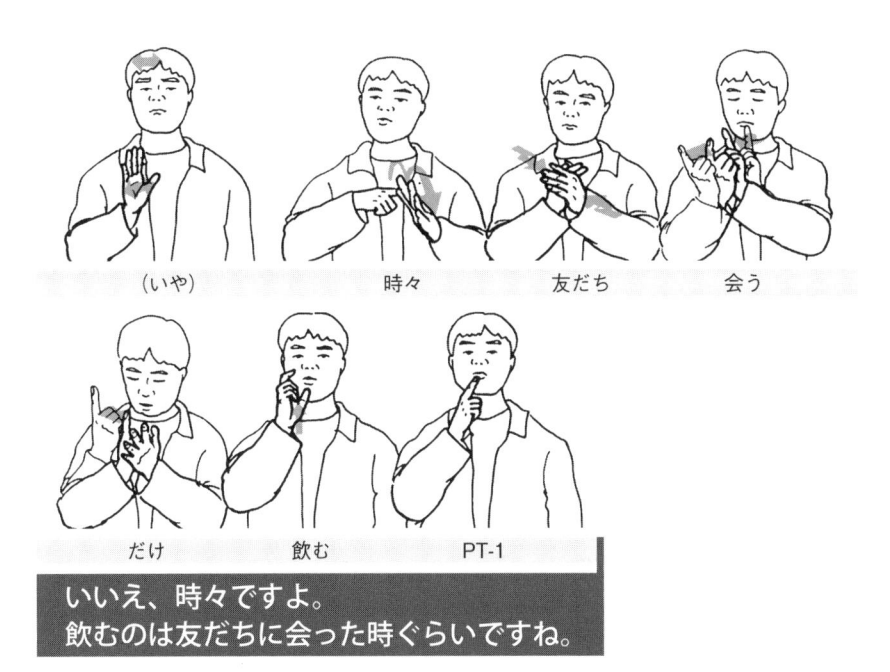

(いや)　時々　友だち　会う

だけ　飲む　PT-1

いいえ、時々ですよ。
飲むのは友だちに会った時ぐらいですね。

TOPIC 10
嗜好品

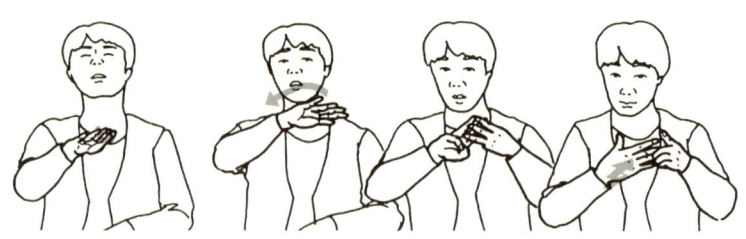

(話題転換の手招き)　　　　山田　　　　知っている-PT-2？

ところで、山田さんを知っていますか？

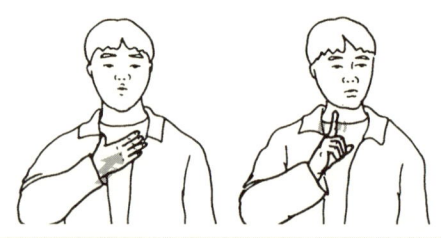

知っている　　　　何？

ええ、知っています。けど何か？

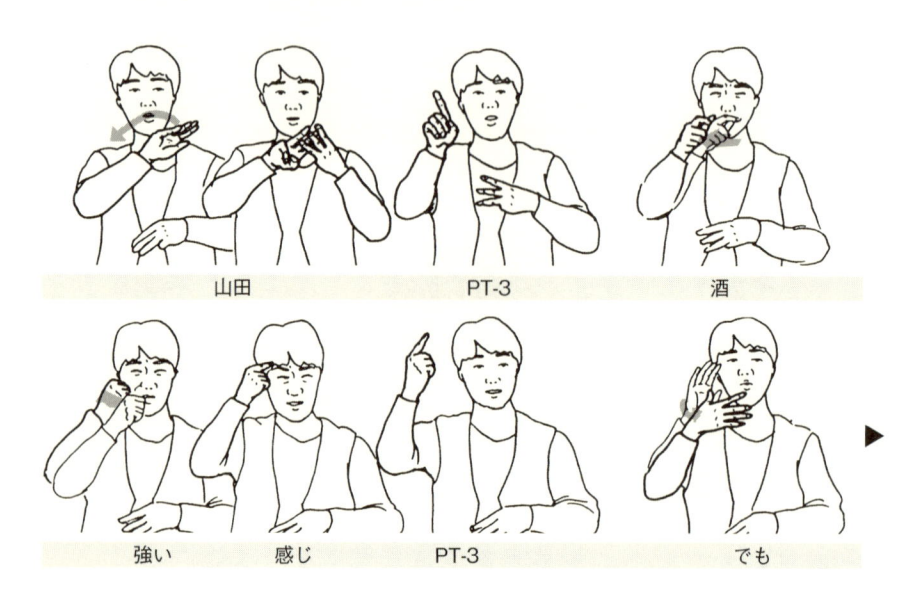

山田　　　　　　　　PT-3　　　　　酒

強い　　感じ　　　PT-3　　　　でも

184

PART 2

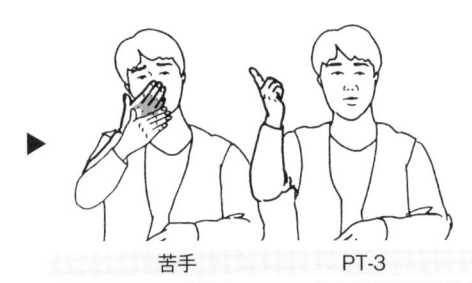

手話を実際に学んでみよう

苦手　　　PT-3

山田さん、強そうだけど実はあまり飲めないんですよ。

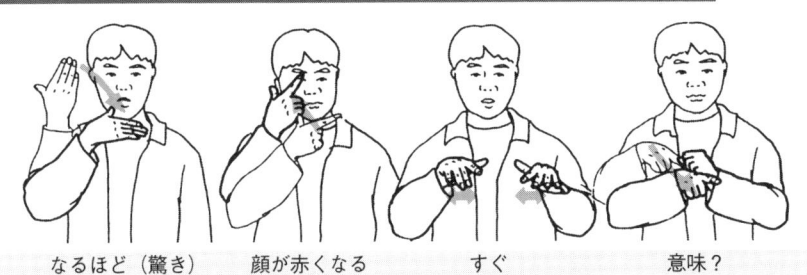

なるほど（驚き）　顔が赤くなる　すぐ　意味？

そうですか。じゃ、すぐ赤くなってしまうんですね。

（頷き）　（そうそう）

そうなんですよ。

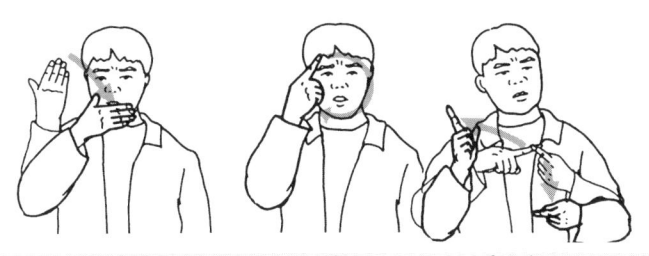

なるほど　　　顔　　　合わない

見かけによりませんね。

TOPIC 10

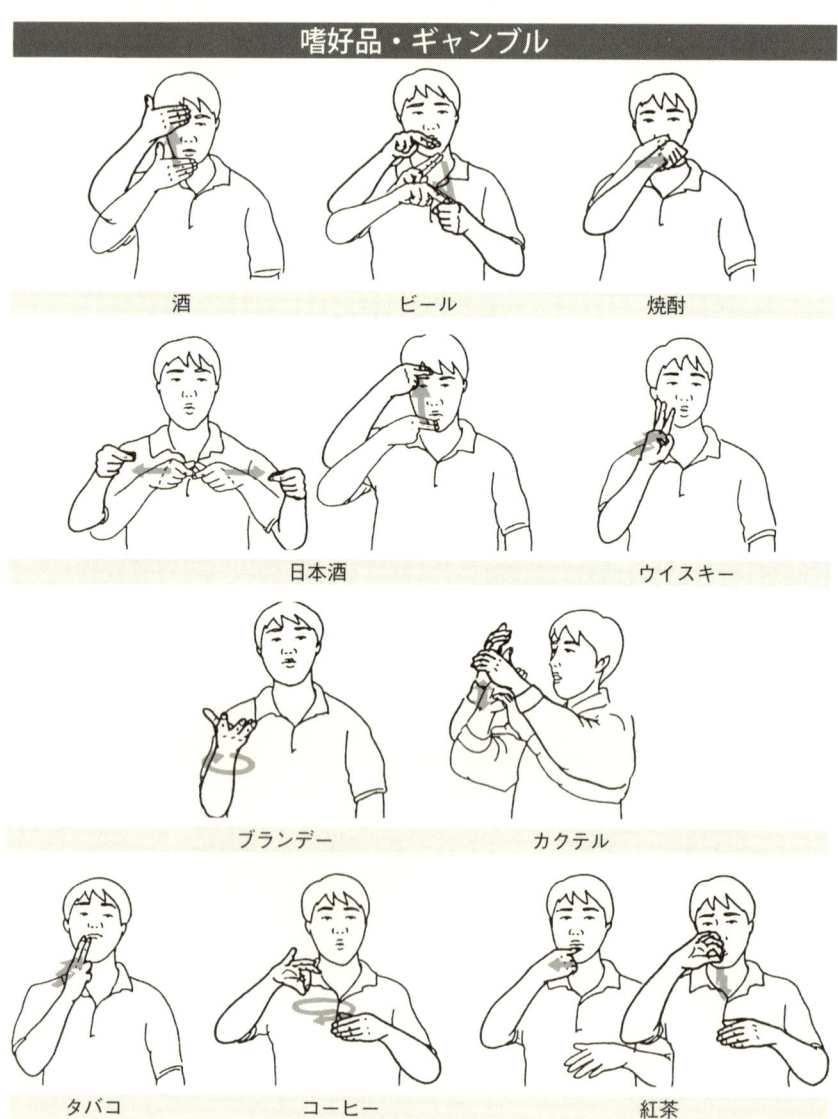

嗜好品

ボキャブラリー

嗜好品・ギャンブル

| 酒 | ビール | 焼酎 |

| 日本酒 | | ウイスキー |

| ブランデー | カクテル |

| タバコ | コーヒー | 紅茶 |

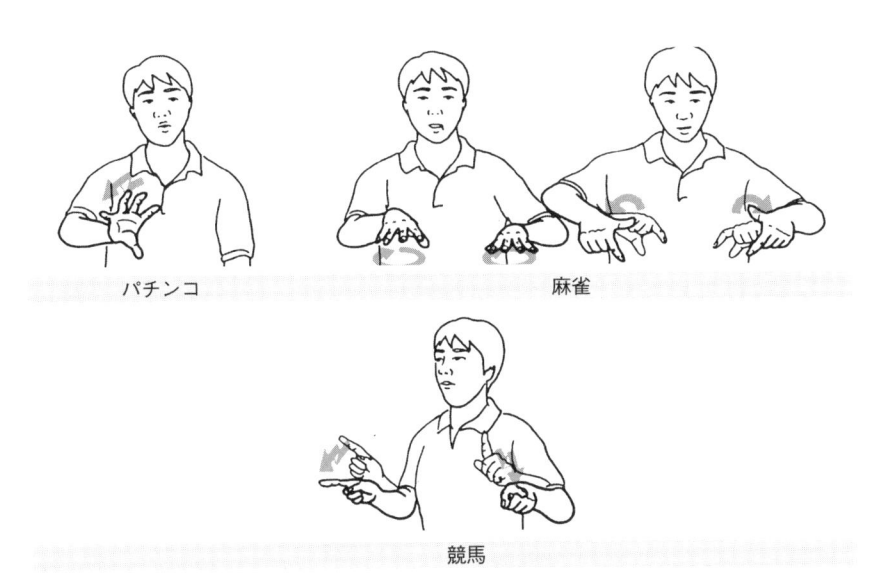

PART 2
手話を実際に学んでみよう

パチンコ　　　　　　　麻雀

競馬

そのほか

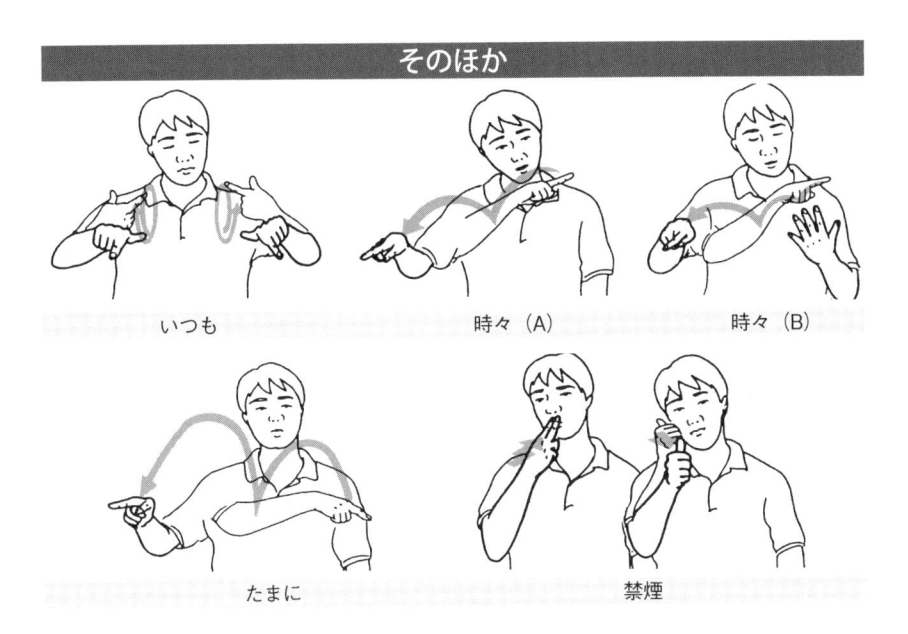

いつも　　　　　時々（A）　　　　時々（B）

たまに　　　　　　　禁煙

187

TOPIC 10 嗜好品

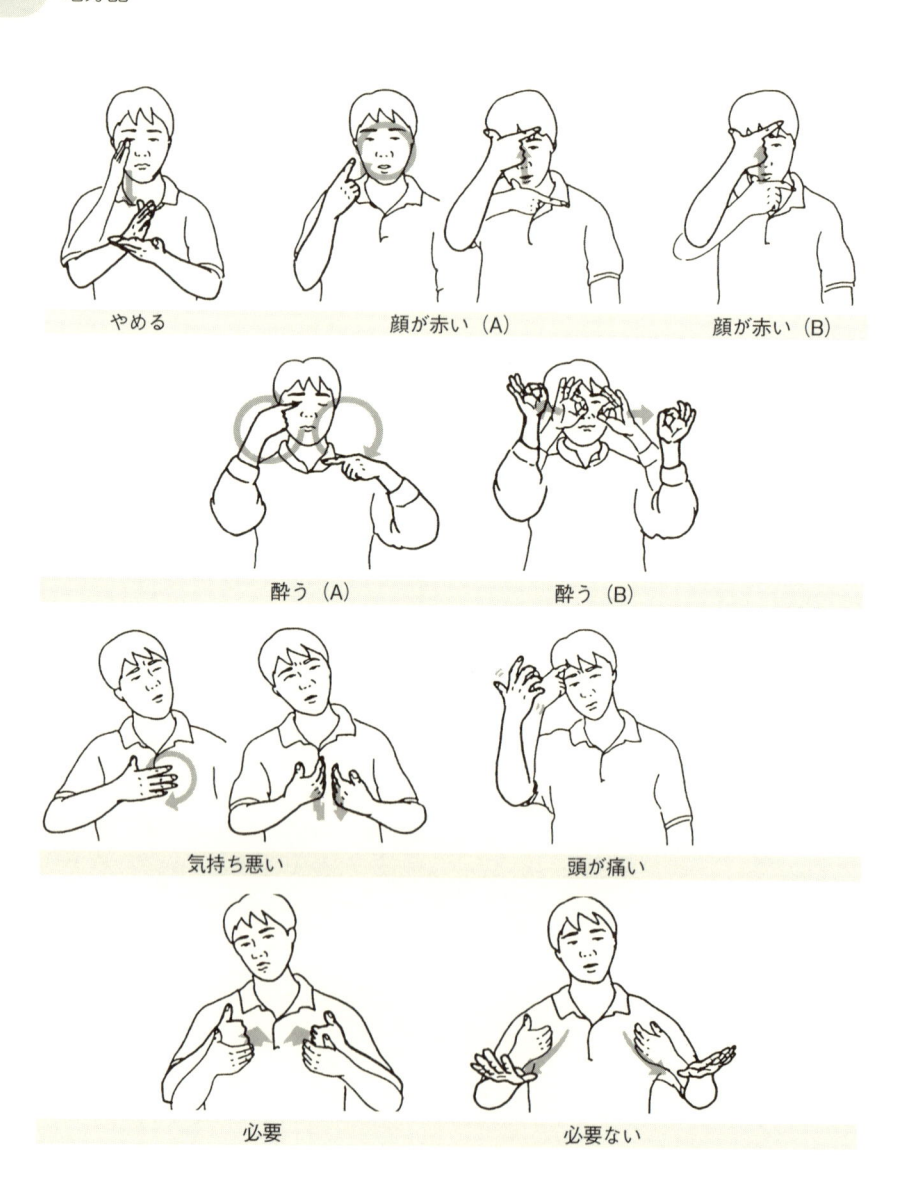

やめる　　　顔が赤い（A）　　　顔が赤い（B）

酔う（A）　　　酔う（B）

気持ち悪い　　　頭が痛い

必要　　　必要ない

手話を実際に学んでみよう

PART 2

砂糖　　　　　　　　　ミルク

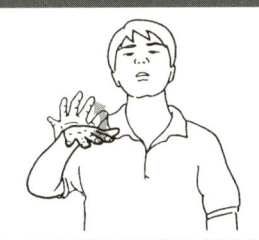

応答

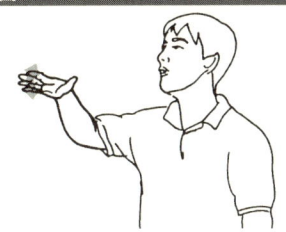

話題転換の手招き（正面）　　　　話題転換の手招き（横）

Culture Notes 〜敬意表現

　敬意表現は言語によって異なります。日本語には敬語（尊敬語、謙譲語、丁寧語）がありますね。日本手話にも、もちろん敬意表現はあります。丁寧さをしめす非手指標識を用い、語彙や話し方を変えたりして、敬意を示します。

Culture Notes 〜お酒で一席

　酒に酔うとろれつが回らなくなるのはろう者も同じ。話の内容も支離滅裂になって、何をいっているのか、さっぱりわからなくなってしまうことも。けれども、手話のスラングを知りたかったら、やはりお酒の席が一番。調子に乗ったろう者の手話による独演会をたっぷり味わうこともできるでしょう。ぜひ一度、ろう者とお酒を飲んでみてください。話は変わりますが、ろう者は寝言だってもちろん手話。ただし、こちらのほうはなかなか見る機会はないかもしれません。

指文字

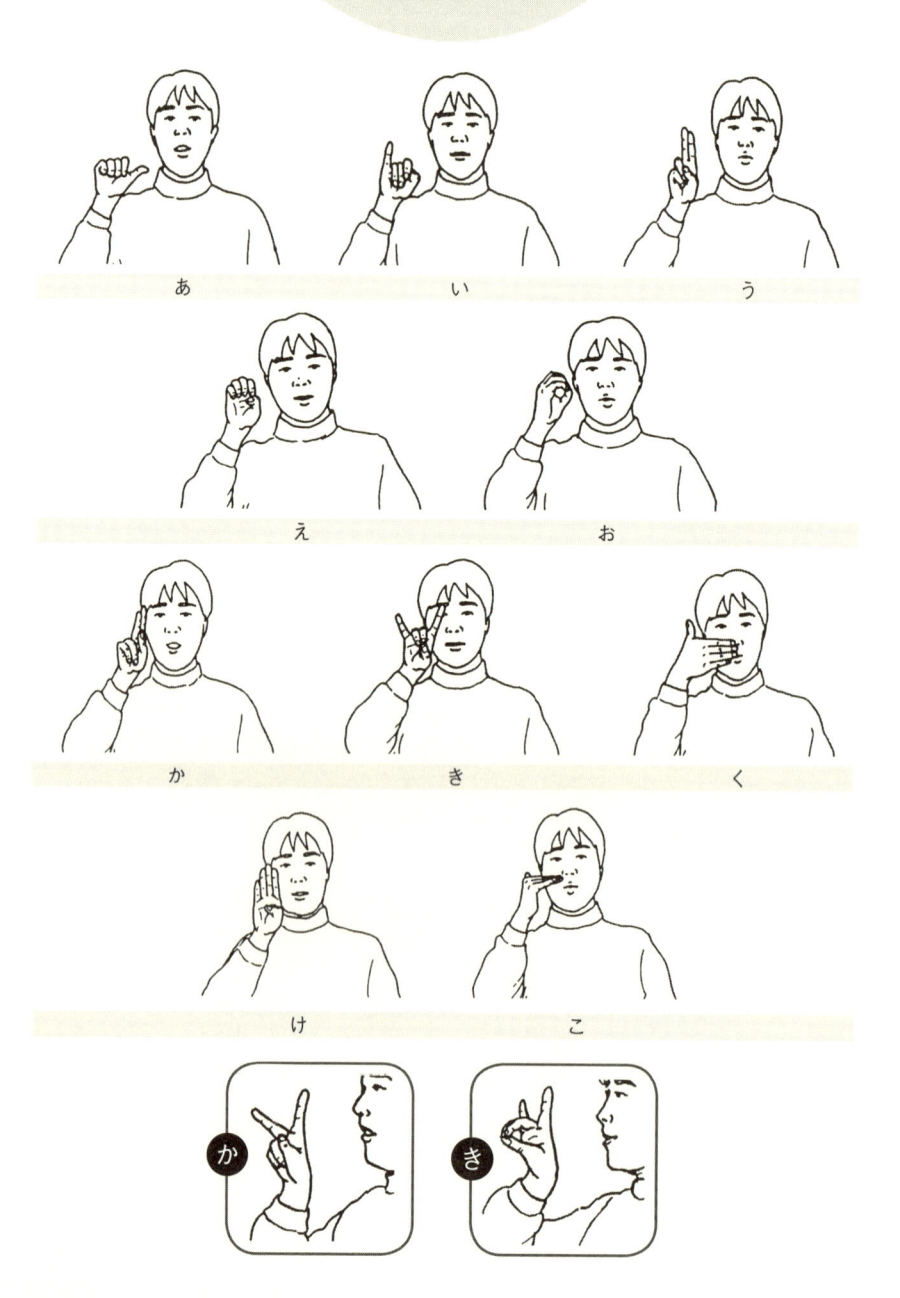

あ　い　う

え　お

か　き　く

け　こ

か　き

指文字

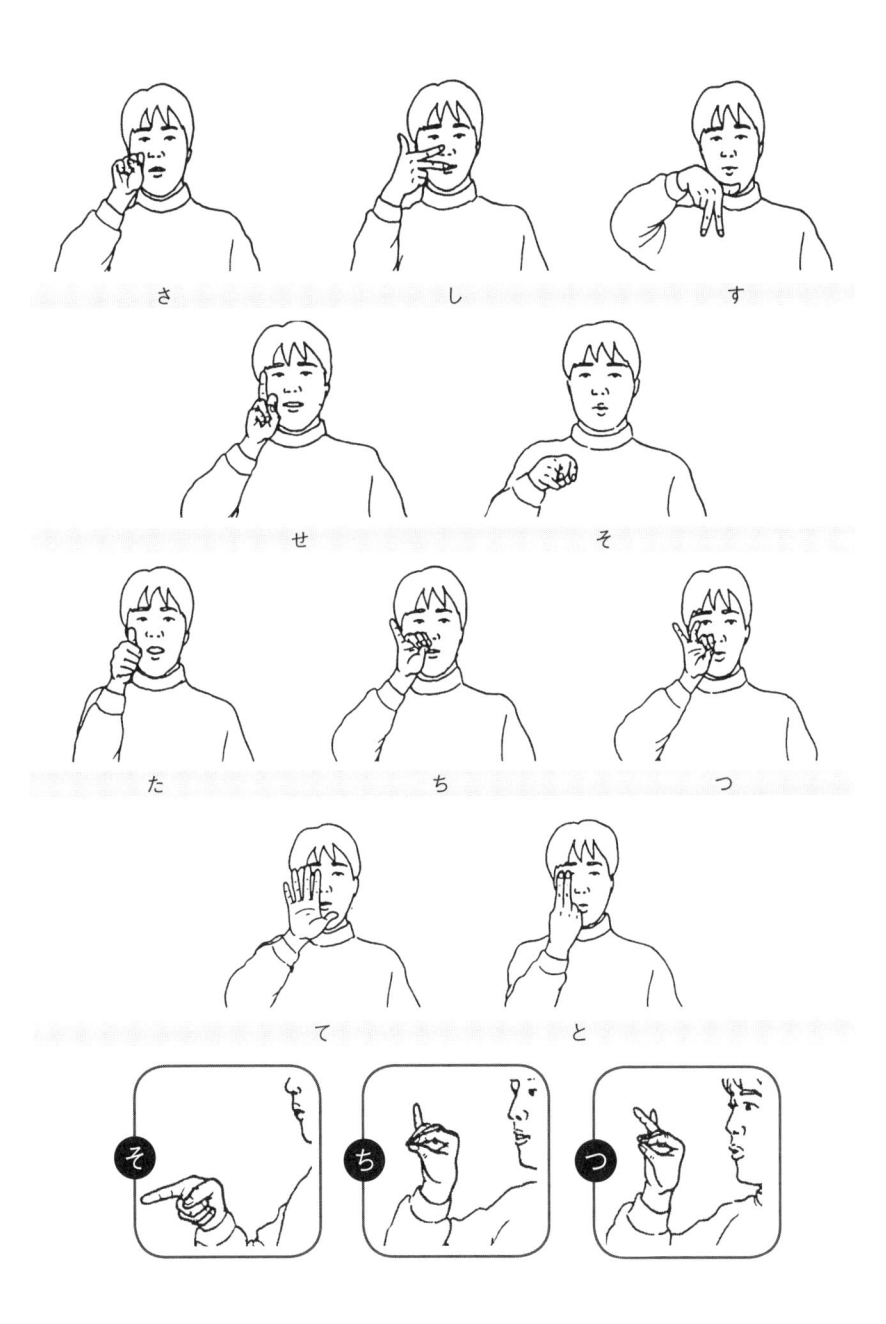

さ　し　す

せ　そ

た　ち　つ

て　と

そ　ち　つ

191

| な | に | ぬ |

| ね | の |

| は | ひ | ふ |

| へ | ほ |

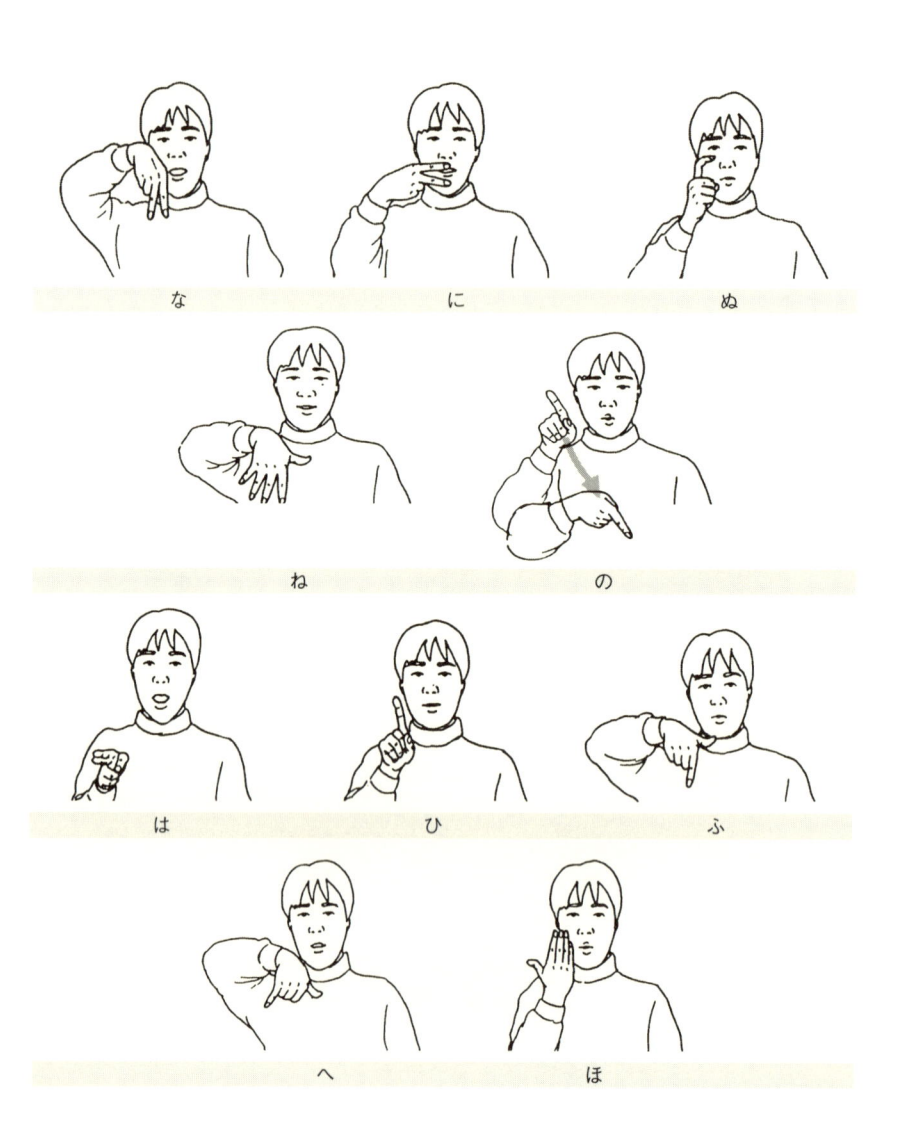

指文字

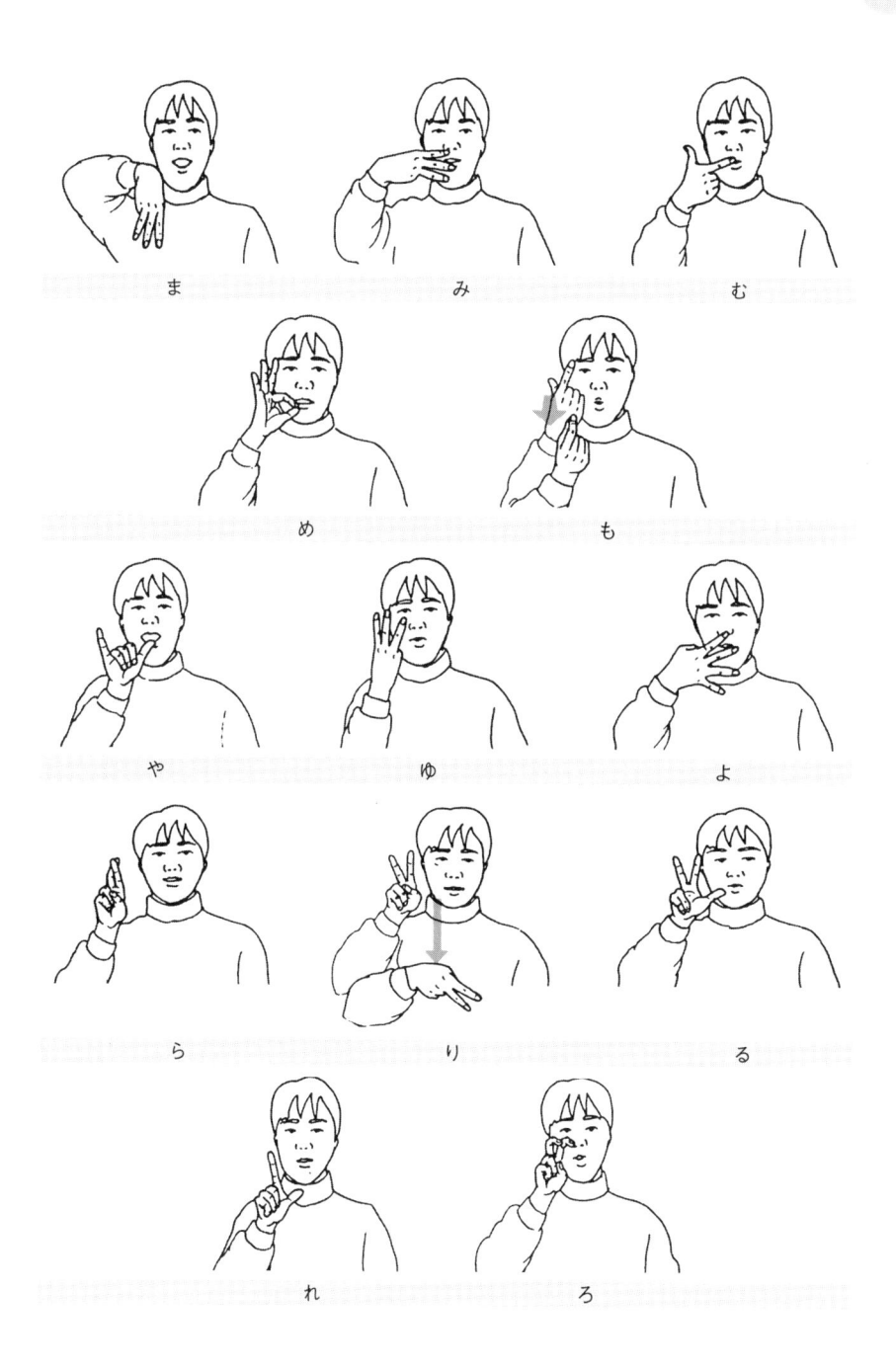

ま　　　　　　　み　　　　　　　む

み　　　　　　　も

や　　　　　　　ゆ　　　　　　　よ

ら　　　　　　　り　　　　　　　る

れ　　　　　　　ろ

わ　　　　　　　　　を　　　　　　　　　ん

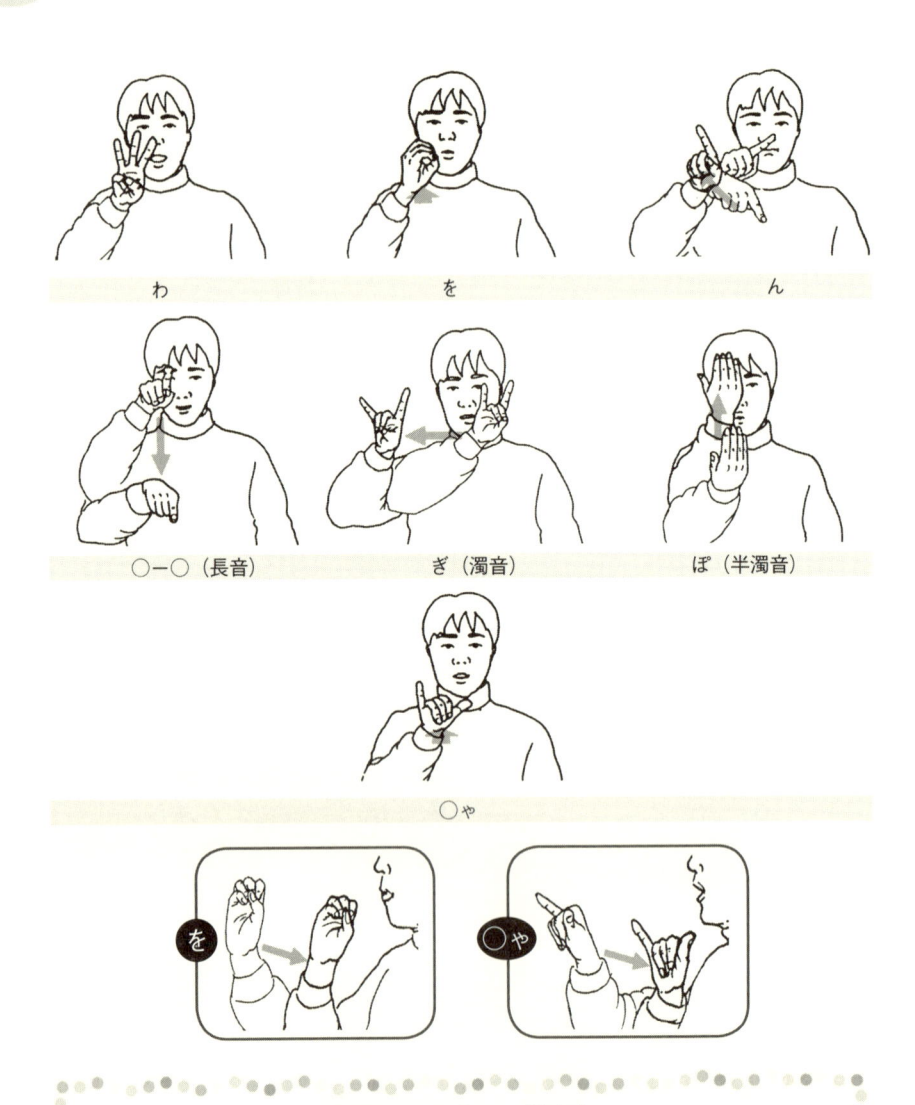

○—○（長音）　　　ぎ（濁音）　　　ぽ（半濁音）

○ゃ

を　　　　　　　　　○ゃ

Culture Notes 〜指文字

　指文字は、顔の右方、肩の高さの位置で表現します。イラストでは顔や身体に接触しているように見えるものもありますが、実際には接触することはありません。なお、日本手話の文中で日本語の単語を指文字でつづるときには、眉を上げ、やや顎を上げるという非手指標識が伴います。また、指文字は一文字ずつ区切らずに表現し、あまり大きく動かしすぎないようにします。

さくいん

- キー・センテンス、会話、ボキャブラリーの中で使われる言葉を収録。
- 明朝体の数はキー・センテンスと会話、**ゴシック体**の数字はボキャブラリーで出てくる言葉です。
- ページ数は初出のページのみ記載してあります。

あ行

愛知 **107**	家 87・91	うすい 61
会う 179	イギリス **176**	うまい（上手） 151・159
合う 180	行く 112・161	生まれる 67・**79**
青 56・61	いくつ 66・**80**	うらやましい 174・**177**
青森 **105**	池袋 **142**	映画 **150**
赤 61・**130**	石川 62・**106**	ええ 54
秋 **175**	医者 **120**	駅 138・**148**
秋田 **105**	いそがしい 113・123	愛媛 **108**
朝 125・**129**	イタリア **176**	多い 123
明日 **134**	1 77	大分 **109**
アジア **176**	1時間半 **144**	大阪 **107**
頭が痛い **188**	1万 **79**	岡山 **107**
あっという間 **138**	いつ **80**	沖縄 **109**・**165**
後 97・112	1回だけ **139**	起きる 125・**135**
あなた 53	いっしょ 87・91	教える 64
兄 90・**157**	いつも 125・**187**	遅い 131・**136**
姉 83・**90**	伊藤 62	夫 **90**
アフリカ **176**	いとこ **90**	弟 82・**90**
編み物 **151**	いない 87	驚く 29
雨 139・**148**	今 **112**	同い年 **80**
アメリカ 161・**176**	妹 84・**90**	同じ **157**
ありがとう 76・**79**	茨城 **105**	お願いする **98**
ある 161	意味 73	オーバー 45
歩く **147**	いる 87	おめでとう **79**
アルバイト **120**	色 61	思う 71・**177**
合わない **185**	岩手 **105**	オレンジ 61
いう 52	印刷 114・**121**	音楽 **158**
いい 118・**145**	ウイスキー **186**	
いいえ 54	上 76	

195

か行

海外　170
会社　116
会社員　120
外出　135
買う　35
帰る　132
顔　180
顔が赤くなる　185
香川　108
各地　169
カクテル　186
鹿児島　109
風　148
家族　81・90
学校　102
加藤　63
神奈川　106
金（かね）　172
かまわない　44・160
通う　116
火曜　118・122
〜から　94
カラオケ　158
彼　56
川崎　109・143
関係　114・123
韓国　171・176
看護師　120
感じ　180
鑑賞　158
簡単　160
木　58
黄　61
北　166・175
北九州　110
帰宅　135
切手収集　158
岐阜　106

木村　58・62
気持ち悪い　188
9　77
90　78
今日　125・134
兄弟　84・91
京都　96・107
きらい　152・159
ギリシャ　168
着る　56
気をつけて　146・149
禁煙　187
金曜　122
9月　67
9時　129
工藤　63
熊本　108
組立　121
くもり　148
来る　96・112
黒　61
群馬　106
計画　166
経験　162・177
競馬　187
結婚する　83・91
月曜　115・122
けれども　85
券　174
元気　85・91
5　77
濃い　61
航空券　174・177
高知　108
紅茶　186
高等学校　110
神戸　109
公務員　113・120
午後　129・134
50　67・77
50歳　67

小雨　145
午前　134
子ども　87
5人　81
コーヒー　181・186
500　79
これから　174
〜頃　125
混雑　139・148
今度　98

さ行

○歳上　80
○歳下　80
埼玉　106
魚釣り　158
佐賀　108
昨日　114・134
酒　183・186
佐々木　63
札幌　109
佐藤　52
砂糖　181・189
3　67・77
3歳　67
30　69
37　73
3人　84
3万　79
残業　123
4　77
自営業　120
仕方がない　130
滋賀　107
歯科技工　121
四季　175
仕事　96・123
静岡　107
下　72
した　83

さくいん

～したい　153
7時　129
知っている　44・64
自転車　138・147
自動車　121・139
死ぬ　85・91
姉妹　91
島根　107
事務　121
10　77
11　68・78
11月　69
11時　125
12　78
12時　125
13　78
14　78
15　69・78
15分　145
16　67・78
17　78
18　78・93
19　78・94
就職　111
渋滞　148
主婦　120
趣味　150・158
手話　53・64
紹介　98
小学校　110
焼酎　186
将来　153
昭和　73
上手　159
白　61
新幹線　147
親せき　91
新聞　126・135
親友　91
水泳　159
すいている　148

水曜　122
好き　152・159
スキー　151・159
すぐ　185
少ない　123
スケート　150
鈴木　62
スポーツ　151・158
すわる　27
生活　89
生徒　64
瀬田　63
0　77
1000　78
全国　103
先生　53・64
仙台　103・109
専門学校　111
そう　119
早朝　134
育つ　93・112
卒業　97・111
祖父　85・90
祖父母　89
祖母　85・90

た行

田　51
第1　118
第3　115
大会　103
大学　111
ダイビング　153
大変　113・123
高橋　62
だから　132
～だけ　149・179
田中　51
タバコ　179・186
食べる　135

たまに　179・187
ため　96
だれ　53・56
誕生日　67・79
短大　111
近い　142・148
地下鉄　147
～ちがう　160
父　90・101
千葉　106
～中　80
中学校　110
中国　171・176
聴者　55・64
通勤　123・137
次　173
つぎ込む　172
妻　90・102
強い　180
できない　160
できる　70・160
デザイン　121
テニス　159
でも　119
テレビ　135
電気　121
転勤　101・111
電車　137
ドイツ　176
どうしたの　130
どうして　131
どうする　140
どうやって　149
遠い　138・148
東京　106
同居　87・91
時々　179・187
得意　44
徳島　108
読書　152・158
どこ　92・112

197

齢　67	2時　129	東　175
年上　80	20　77・94	飛行機　147
年下　80	24　67	引っ越す　95
年とった　80	29　66	必要　181・188
栃木　105	20年　101	ひどい　139
どちら　55	20分　138	1人　81
鳥取　107	2000　79	暇　123
とても　139	日曜　114・122	100　79
跳び上がる　29	200　79	費用　177
友だち　64・179	日本酒　186	美容　121
富山　106	入学　111	病気　86
土曜　114・122	入浴　135	兵庫　107
ドライブ　152	寝不足　150	昼　134
	ねむい　131・136	ビール　186
な行	練馬　95	広島　108
	寝る　124・135	夫婦　172
ない　164	年齢　66	福井　106
中　51	農業　121	福岡　108
長崎　108	野沢　63	福島　105
中根　62	飲む　178	ふけた　80
長野　106	乗り換え　139・148	藤田　62
名古屋　109		不足　130
なぜ　136	**は行**	2人　81
夏　168・175		ふつう　159
7　77	バイク　147	船　147
70　77	入る　128	不必要　181・188
何　37・65	走る　147	不便　149
名前　51	はじめまして　58・64	冬　175
奈良　107	始める　156	フランス　176
習っている　70	バス　147	ブランデー　186
並んで　27	8　77	ふろ　128
なるほど　64・101	8月　68	別　87・91
何回か　170	パチンコ　187	別居　87・91
何歳　66・80	話す　135	へた　155・159
何時　124・136	離れて　27	ヘリコプター　147
何人　81	母　90	勉強　70
2　77	早い　128・136	便利　149
新潟　94・106	春　175	北海道　105・163
2月　69	晴れ　139・148	ボーナス　172・177
苦手　151・160	バレーボール　159	保育士（保母）　121
西　175	日　67・79	本　35

さくいん

香港　176
ほんとう　144

ま行

まあまあ　159
毎週　114・122
前　101・112
麻雀　187
まず　171・177
まだ　83
松尾　63
～まで　93
三重　107
～見える　80
緑　61
南　175
宮城　102・105
宮崎　109
見る　70
ミルク　189
向かい合って　27
息子　90
娘　90
むずかしい　160
村　58
目　46
～も　167
目的　96
木曜　122

や行

野球　159
安い　46
休み　114・122
やめる　188
山形　100・105
山口　92・108
山田　184
山梨　106

山本　62
夕方　134
友人　91
雪　148
酔う　188
幼稚園　110
横浜　109
予定　166・177
4人　82
読む　126
予約　177
夜　129・134
よろしくお願いします
　52・64
ヨーロッパ　166・176

ら行

来年　168
楽　144・149
離婚する　91
理容　117・121
両親　82
旅行　170
ろう学校　97・110
ろう者　55・63
6　77
6時　125
6年前　156
ロシア　176

わ行

ワイン　178
若い　70・80
和歌山　107
わかる　104・136
渡辺　63
話題転換の手招き　184

199

本書のテキストデータを提供いたします

　本書をご購入いただいた方のうち、視覚障害、肢体不自由などの理由で書字へのアクセスが困難な方に本書のテキストデータを提供いたします。希望される方は、以下の方法にしたがってお申し込みください。

◎データの提供形式＝CD-R、フロッピーディスク、メールによるファイル添付（メールアドレスをお知らせください）。

◎データの提供形式・お名前・ご住所を明記した用紙、返信用封筒、下の引換券（コピー不可）および200円切手（メールによるファイル添付をご希望の場合不要）を同封のうえ弊社までお送りください。

●本書内容の複製は点訳・音訳データなど視覚障害の方のための利用に限り認めます。内容の改変や流用、転載、その他営利を目的とした利用はお断りします。

◎あて先
〒160-0008
東京都新宿区三栄町17-2 木原ビル303
生活書院編集部　テキストデータ係

【引換券】
改訂新版
はじめての手話

【執筆者紹介】

木村晴美（きむら・はるみ）

山口県生まれ。ろうの両親から生まれ育ったろう者。一橋大学大学院言語社会研究科修士課程修了、同博士課程退学。国立障害者リハビリテーションセンター学院手話通訳学科教官（1991 年～ 2023 年）、同主任教官（2023 年～）。NHK 手話ニュース 845 の手話キャスターとして出演中（1995 年～）。

著書に『ろう通訳ってなに？──新しい手話通訳のかたち』（編著、生活書院、2024 年）、『日本手話と日本語対応手話（手指日本語）──間にある「深い谷」』（生活書院、2011 年）、『日本手話とろう文化──ろう者はストレンジャー』（生活書院、2007 年）、『はじめての手話』（市田泰弘と共著、日本文芸社、1995 年）、論文に「日本手話話者の道のり」『ろう者から見た「多文化共生」もうひとつの言語的マイノリティ』（ココ出版、2012 年、所収）、「ろう文化とろう者コミュニティ」『障害学を語る』（筒井書房、2000 年、所収）、「手話通訳者とバイリンガリズム」『月刊言語』2003 年 8 月号、などがある。

■木村晴美のホームページ　http://www.kimura-harumi.com/

市田泰弘（いちだ・やすひろ）

東京都生まれ。聴者。家族にろう者はいない。立教大学大学院博士課程前期課程教育学専攻修了（文学修士）。国立障害者リハビリテーションセンター学院手話通訳学科教官及び主任教官（1995 年～ 2023 年）。学校法人明晴学園校長（2024 年～）。国立民族学博物館特別客員教授（2013 年～）。東京大学非常勤講師（2011 年～）。

著書に『はじめての手話』（木村晴美と共著、日本文芸社、1995 年）、論文に「言語学からみた日本手話」『ろう教育と言語権──ろう児の人権救済申立の全容』（明石書店、2004 年、所収）、「ろう教育は手話を言語として認知できるか」『聾教育の脱構築』（明石書店、2001 年、所収）、「ろう文化宣言──言語的少数者としてのろう者」「誤解される言語・手話」『ろう文化』（青土社、1995 ／ 1996 ／ 2000 年、所収）、連載記事に「手話の言語学」『月刊言語』（大修館書店、2005 年 1 月号～ 12 月号、連載）などがある。

■市田泰弘のホームページ「手話文法研究室」　http://www.SLLing.net/

［改訂新版］
はじめての手話
——初歩からやさしく学べる手話の本

発　行	2014 年 8 月 11 日　初版第 1 刷発行
	2024 年 10 月 1 日　初版第 8 刷発行

著　者――――木村晴美、市田泰弘
発行者――――髙橋　淳
発行所――――株式会社　生活書院
　　　　　　〒 160-0008
　　　　　　東京都新宿区四谷三栄町 6-5 木原ビル 303
　　　　　　Ｔ Ｅ Ｌ 03-3226-1203
　　　　　　Ｆ Ａ Ｘ 03-3226-1204
　　　　　　振替 00170-0-649766
　　　　　　http://www.seikatsushoin.com

印刷・製本――シナノ印刷株式会社
装　丁――――糟谷一穂

Printed in Japan
2014 © Kimura Harumi, Ichida Yasuhiro
ISBN 978-4-86500-027-6

定価はカバーに表示してあります。
乱丁・落丁本はお取り替えいたします。

生活書院◎出版案内
(定価には別途消費税がかかります)

日本手話とろう文化——ろう者はストレンジャー

著者　木村晴美
定価　本体 1800 円／ ISBN978-4-903690-07-0

NHK 手話ニュースのキャスターにして、「ろう文化宣言」の中心人物、木村晴美さんの人気メルマガが本に。なぜ日本語と日本手話は全く違う言語なのか、なぜ手指日本語じゃだめなのかなどを、ときにはユーモアを、ときには怒りをこめて語りかけます。これを読まずしてろう文化は語れません。

〈目次〉
PART1　日本手話——ろう者の言語
PART2　日本手話と日本語対応手話、日本語——まったく異なる言語
PART3　ろう者の文化、聴者の文化——異文化を生きる
PART4　放っておけない——聴者の誤解・偏見・おせっかい
PART5　ろうの子どもたちと日本手話

ろう者の世界——続・日本手話とろう文化

著者　木村晴美
定価　本体 1500 円／ ISBN978-4-903690-40-7

日本手話とろう文化の豊かな世界を語り、聴者の誤解・偏見・おせっかいを痛快に抉り、明日を担うろう児たちに限りなくあたたかい目を注ぐ…「とん」こと木村晴美さんの大好評メルマガ〈ろう者の言語・文化・教育を考える〉からの単行本化第 2 弾。

〈目次〉
PART1　手話で話し、手話で考え、手話で生きる
　　　　——日本手話の豊かな世界
PART2　「ことば」と「ことば」を繋ぐも
　　　　——通訳って？　コミュニケーションって？
PART3　ろう者が生きる世界——ろう文化、そのさまざまな形
PART4　バイリンガルろう教育で行こう！——ろう児たちは今

生活書院◎出版案内
（定価には別途消費税がかかります）

ろう者が見る夢──続々・日本手話とろう文化

著者　木村晴美
定価　本体 1600 円／ISBN978-4-903690-94-0

「ろう文化宣言」から 17 年。「ろう文化」への認知は広まったが、はたしてその内実は？　言葉を一人歩きさせず、自文化中心主義に陥らない異文化理解のために大事なものとは何か？　メルマガからの単行本化第 3 弾。

〈目次〉
PART1　日本手話、手指日本語（日本語対応手話）、日本語
　　　　　──まったく別の言語
PART2　ろう者が見る夢──ろう文化 1
PART3　デジタル社会とろう者──ろう文化 2
PART4　ろう者の頭の中、聴者の頭の中──ろう文化 3
PART5　手話は言葉である！──ろう教育の今
PART6　手話通訳で本当に大事なこと──ろう通訳者を育てたい

日本手話と日本語対応手話（手指日本語）
──間にある「深い谷」

著者　木村晴美
定価　本体 1500 円／ISBN978-4-903690-79-7

日本手話と日本語対応手話（手指日本語）。そもそも手話とそうでないものを並べることのおかしさを明かす。理論編と、豊富な写真・例文でその違いを明らかにする実践編で構成された、手話話者、手話を学ぶ人、言語に関心をもつすべての人の必読書。

〈目次〉
第 1 部　日本手話と手指日本語（日本語対応手話）
第 2 部　実例編
　第 1 章　基本文
　第 2 章　時間を表す表現
　第 3 章　日本手話らしい表現を手指日本語でやるとどうなる？

生活書院◎出版案内
(定価には別途消費税がかかります)

日本手話と日本語対応手話(手指日本語)
手話と法律・裁判ハンドブック

企画　全国手話通訳問題研究会宮城県支部／監修　田門浩
定価　本体 1500 円／ ISBN978-4-903690-18-6

司法・裁判に関わる手話単語をはじめてイラスト付きで網羅。司法の基本的知識、裁判員制度も併せて学習できるハンドブック。ろう者、手話学習者、手話通訳者必携！

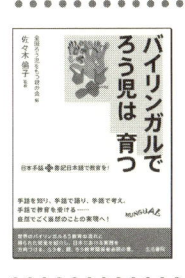

バイリンガルでろう児は育つ
──日本手話プラス書記日本語で教育を！

監修　佐々木倫子　編者　全国ろう児をもつ親の会
定価　本体 2000 円／ ISBN978-4-903690-19-3

言語的少数者としてのろう児・者の教育の場における状況をとらえ、世界のバイリンガルろう教育の可能性と方向性を理論づける必読の書。

手話の社会学
──教育現場への手話導入における当事者性をめぐって

著者　金澤貴之
定価　本体 2800 円／ ISBN978-4-86500-012-2

「手話を教育現場に導入してほしい」と望んできた当事者の主張は、なぜ聾教育の現場に反映されてこなかったのか？聾者にとっての手話の存否に関わる本質的問題に迫る。

一歩進んだ聴覚障害学生支援
──組織で支える

著者　日本聴覚障害学生高等教育支援ネットワーク聴覚障害学生支援システム構築・運営マニュアル作成事業グループ
編者　金澤貴之・大杉豊
定価　本体 2500 円／ ISBN978-4-903690-55-1

聴覚障害学生支援は今やどの大学にも求められる学生支援の一つです！入学前の事前相談の段階から時系列で整理し、徹底的に具体的な記述にこだわった「使える」マニュアル、ここに完成！